문화문고 019

현대인, 동양고전에서 길을 찾다

이동희 저

傳統文化研究會

문화문고 현대인, 동양고전에서 길을 찾다 정가 10,000원

2015년 12월 20일 초판 인쇄
2015년 12월 30일 초판 발행

저 자 이동희
기 획 이계황
편 집 남현희
교 정 하정원
출 판 김주현
관 리 함명숙
보 급 서원영

발행인 이계황
발행처 (사)전통문화연구회
서울시 종로구 삼일대로 428 낙원빌딩 411호
전화 : 02-762-8401 전송 : 02-747-0083
사이버書堂 : cyberseodang.or.kr
온라인서점 : book.cyberseodang.or.kr
전자우편 : juntong@juntong.or.kr
등 록 : 1989. 7. 3. 제1-936호

인쇄처 : 한국법령정보주식회사(02-462-3860)
총 판 : 한국출판협동조합(070-7119-1750)

ISBN 979-11-5794-080-6 04150
978-89-91720-76-3(세트)

간행사

본회는 한국고전의 연구와 번역의 선결과제先決課題로, 동양고전의 협동연구번역과 on-off 라인을 통한 교육을 해온 지 20여 년이 되었다. 이는 우리의 역사歷史와 문화文化를 깊이 이해하기 위하여 동양의 역사와 문화를 총체적으로 조명하여야 한다는 취지에서이다.

그런데 동서양 고전에 대해서 그 중요성은 인정하고 있지만, 특히 한국과 동양의 한문고전은 지식인이나 일반인은 물론 전문가조차 해독하기 어려워 일본이나 중국의 번역본을 중역하는 상황이었고, 동양고전은 현대화가 늦어져 이제야 본격적인 작업을 하고 있다.

오늘날 각계의 교류가 긴밀히 이루어지면서 세계가 하나로 되는 상황에 이르러, 우리 국민의 역사·문화 의식이 한국에서 동양으로, 또 세계로 지향해야 하는 시급한 시대가 다가왔다.

그러나 세계로의 지향이 서구화의 다른 이름이고 우리로서는 허상일 수 있음을 주의해야겠지만, 우리와 동양의 자주성과 자존의 아집도 경계하여 새로운 그 무엇을 그려내야 할 것이다. 이를 위해서는 일차적으로 한韓·중中·일日이 삼국양립三國兩立에서 발전하여 삼국정립三國鼎立을 이룸으로써, 치욕의 역사에서 벗어나 안정과 발전의 기반을 마련해야 할 것이다.

본회는 이러한 상황에서 1차적인 준비로 '동양문화총서'를 몇

권 간행한 바 있으나, 이 계획의 충실을 기하기 위해서는 한 손에는 연구, 다른 한 손에는 보급이라는 과제를 좀 더 확실히 해결하지 않으면 안 된다. 이러한 문화 보급의 취지에서 앞으로 국민의 전체적인 수준 향상을 위하여 '사서四書'의 문고화를 시작으로, 우리와 동양에서부터 서양의 고전과 인물과 문화에 관한 '문화문고' 간행의 출발점으로 삼고자 하는 것이다.

대체로 문고는 연구서에 비하면 2차적 작품이므로, 해석과 주석 등을 본문에 녹여서 중등학생 수준의 독자가 읽어서 이해되도록 하려고 한다. 그러나 특수한 분야나 전문적인 것도 필요한 것이다. 또한 시대에 부응하여 편리하며 염가로 읽힐 수 있는 '전자출판'도 겸행할 예정이다.

구미歐美의 유명한 문고본이 끼친 세계 문화적 영향이나, 이웃 일본의 교양과 지식이 이와나미문고岩波文庫에서 나왔다는 사실을 기억해야겠다. 우리나라의 문고본은 그간 부침浮沈이 있었으나, 여러분의 서가에도 상당수 있듯이 그 공헌은 인정하지 않을 수 없다.

앞으로 우리는 동양고전의 번역 및 교육사업과 함께 통섭적統攝的 방법으로, 국가경쟁력을 키우고 문예부흥을 개막하는 계획의 꿈도 이루기 위하여 지혜를 모아 헌신할 것을 다짐하며, 이에 각계의 관심과 지원을 기대한다.

전통문화연구회 회장 이계황

동양고전을 소개하면서

동양고전이라 하면 주로 중국고전을 말하고, 일반인에게 소개할 고전은 역사류와 사상류가 중심이 될 수밖에 없다.(이 책에서는 격언·잠언류에 해당하는 고전을 많이 선별하여 성찰에 도움이 되도록 제시하였다.) 오늘날은 문자생활을 한글로 하고 있어서 일반인들이 한자漢字로 쓰여진 동양고전을 접하는 데는 어려움이 많다. 물론 한글로 번역하여 읽을 수 있지만, 한자어가 익숙하지 않으면 한글로 번역한 것도 머릿속에 잘 들어오지 않는다. 그러므로 고전에 흥미를 느끼고 교양 수준이라도 지식을 넓히려고 한다면 한자에 대한 약간의 노력이 불가피하다.

학자들이 근사하게 설명하고 있는 소개서를 읽고 고전 번역서를 사서 본다 해도 영어 번역보다 생소한 경우가 더 많다. 이것은 언어가 다르면 인식틀이 다르기 때문이다. 지금 우리의 인식틀은 서구언어의 영향을 받아 그 논리에 맞춰져 있다. 이러한 언어와 인식상의 차이뿐만 아니라 또 어려운 점은 동양고전이 전근대의 기록이라는 점에 있다.

또한 중국고전은 많은 경우 책 성립에 문제가 있다. 즉 편차나 내용면에서 일관되지 못한 면이 있는데, 옛날에는 대나무 조각(죽간竹簡)에 글을 썼기 때문에 앞뒤 내용이 바뀌거나 전쟁통에 책이 흩어졌다 다시 편집된 경우가 많기 때문이다. 그뿐만 아니라 책 편집체제나 구조도 오늘날 우리의 인식틀과는 맞지 않기 때문에 쉽게 접근할 수가 없는 것이다. 따라서 일반인을 위해서는 전문가가 번역하는 것은 물론 고전 내용을 현대인에 맞게 재편집하거나 발췌하고 해석하는 일이 필요하다. 그러므로 동양고전이라 하여 신성시神聖視하면서 통째로 읽으려 하는 것은 전공자가 아니라면 바람직한 태도가 아니다. 특히 유념할 것은 동양고전 대부분은 도덕적 교훈이나 개인 수양법이 언제나 전제되어 있다는 점을 감안하여 비판적으로 보는 안목이 필요하다.

이런 점에서 볼 때 일반인의 동양고전 접근에는 단계가 필요하다. 먼저 한자어에 익숙하도록 하면서 고사성어나 명언명구 해설서, 또는 현대적 안목으로 일정한 주제를 잡아 그 주제에 맞게 고전의 내용을 발췌하고 분류 편집한 교양서를 먼저 보는 것이 무난하다. 한자와 한자어가 어느 정도 익숙해지면 전문가가 전문지식에 바탕하여 쓴 칼럼식 고전 안내서를 읽는 것이 좋다. 그 다음은 번역서 읽기이다. 이때 중국문화 전반의 개론서를 곁들이면 효율적이다.

이러한 3단계를 생각하면서 서점에서 책을 찾으면 자기에게 맞는 책이 눈에 띌 것이다. 인간관계, 처세, 지도력, 자기성찰 등의 아이템으로 구성된 책이 우선 접하기 쉬울 것이다.

2015. 12. 10

솔바람 이동희

일러두기

1. 본서는 동서양東西洋의 중요한 고전古典, 인물人物, 문화文化에 관한 모든 국민의 교양도서로, 미래 한국의 양식良識 기반을 구축하기 위한 문화문고文化文庫이다.
2. 본서는 2012년 7월부터 2014년 12월까지 대구매일신문에 연재되었던 '이동희의 동양고전 이야기'를 개고改稿하고 몇 편을 추가한 것이다.
3. 본서는 동양東洋(중국中國)고전의 저자·시대적 배경·사상사적 의의·주요 내용 등을 간단하게 소개하였다.
4. 본서에 소개된 책들은 내용에 따라 유가류儒家類, 제자백가류諸子百家類, 도가류道家類, 기타 사상서思想書, 시선집詩選集, 역사류歷史類, 병법류兵法類, 잠언격언류箴言格言類, 근대명저近代名著로 분류하고, 해당 항목 내에서는 제작시기 순으로 배치하였다.
5. 해당 책의 일부 또는 관련 도판圖版자료를 함께 수록하여 내용 이해를 도왔다.
6. 청소년들이나 일반 독자들이 쉽게 책 내용을 파악할 수 있도록 해당 책 제목 밑에 간단히 부제副題를 붙였다.
7. 고유명사 및 주요 어휘는 독자의 이해를 돕기 위하여 한자漢字를 병기하였다.

8. 가장 많이 인용되는 '주자朱子'는 본명이 '주희朱熹'이나 한자문화권에서의 전통과 관습을 고려하여 주자로 통일하였다.

9. 본서에 사용된 주요 부호符號는 다음과 같다.

   " " : 대화, 인용
   ' ' : 재인용, 강조
   ( ) : 간단한 주석註釋
   《 》 : 서명書名
   〈 〉 : 편장명篇章名, 작품명作品名
   〔 〕 : 관용구慣用句, 보충 원문原文

참고도서

- 강태권 외 35인, 《세계의 고전을 읽는다 1 – 동양문학편》, 휴머니스트, 2005.
- 공상철, 《중국을 만든 책들》, 돌베개, 2011.
- 권중달 외 26인, 《세계의 고전을 읽는다 2 – 동양교양편》, 휴머니스트, 2005.
- 다케우치미노루竹內實 외, 《절대지식 중국고전》(개정판), 이다미디어, 2010.
- 신영복, 《강의 – 나의 동양고전 독법》, 돌베개, 2005.
- 신정근, 《신정근 교수의 동양고전이 뭐길래》, 동아시아, 2012.
- 왕여광王余光 편저, 한인희·이동철 공역, 《중국을 움직인 30권의 책》, 도서출판 지영사, 1995.
- 하세가와구니오長谷川國雄 편집, 《중국고전명저 총 해설》, 자유국민사, 1980.

목 차

|| 병법류兵法類

|| 잠언격언류箴言格言類

|| 근대명저近代名著

|| 유가류儒家類

'사서집주四書集註'에 대하여

송대宋代 성리학性理學의 결정판

'사서四書'는 4개의 유학고전을 묶어 말하는 것이다. 즉 《논어論語》, 《맹자孟子》, 《대학大學》, 《중용中庸》 이렇게 4권을 말한다. '집주集註'라고 하는 것은 이 4권의 책에 송宋나라 주자朱子(이름 주희朱熹, 12세기 사람)가 주석(주〔註〕를 모아〔集〕)을 붙였다는 뜻이다. 자기 이전의 주석을 검토하여 취사선택하고, 거기에 자기의 주석을 붙였다. 우리가 흔히 보는 위의 4책에 대한 번역본은 전적으로 이 주자의 '집주'에 의해서 해석되고 있는 것이다. 이 주석이 근세 '성리학性理學(주자학)'을 대변하기 때문에 매우 중요하다. 그러므로 '사서집주'(이하 '집주')를 하나의 고전으로 설명할 필요가 있다. 옛날 사람은 고전에 주석을 다는 방식으로 자기 사상을 피력하였으므로 이 '집주'는 주자 사상의 핵심을 나타낸다.

주자는 공자孔子의 현세적인 일상 윤리의 근거를 우주의 법칙에서 찾았다. 우주 차원에서의 인간의 존재 의의, 도덕적 행위의 우주적 의의를 일관되게 설명하여 공자 유학사상의 체계를 마련하려 했다. 예를 들면 공자의 인仁을 '우리 마음의 완전한 덕성'이라 하고, 맹자孟子의 '성선性善(본성이 착하다)'을 '성은 인간이 탄생한 이치理致로서 하늘로부터 선천적으로 품부稟賦받은 지극한 선善'이라고 해석하였다. 또 《대학》의 '격물치지格物致知'와 《중용》의 인간 심리의 다이내믹한 작용에 착안한 것도 그런 취지이다.

이 '집주'가 원元나라 왕조에서 과거시험의 공식 기준이 됨으로써 그 이후 중국(명明, 청淸)과 우리나라(조선조朝鮮朝)에서 학문의 기준이 되었다. 이를 '어용御用(국가 이데올로기)'이라 하는데, 왕의 입장에서는 통치의 유효한 방법을 찾은 것이지만, 다른 면에서 보면 사상의 자유를 구속하는 것이고, 세계관과 인간관을 '유학'이라는 '종교적' 해석에 국한시키는 부작용을 가져왔다. 이 때문에 많은 학자들의 끊임없는 비판과 저항을 불러왔다.

성리학이 불교와 도가 사상에 대항하여 공맹孔孟사상을 리바이벌한다고 했지만, 그 영향 또한 받았으므로 관념철학으로서의 성격을 갖게 되었는데, 유교의 '종교철학'이라 할 만하다. '집주'가 완성됨으로써 일상의 실천 규범으로서의 공자·맹자의 사상이 체계적이고, 합리적으로 설명되었다. 그 기저는 '우주론적 형이상학'이어서 지성인에게는 만족스러운 텍스트를 제공했으나, 일반 민중에게는 별 의미가 없었고 오히려 억압적이었다. 이 '집주'는 마치 토마스 아퀴나스가 그리스 철학을 빌려 기독교 교리를 체계화한 것과 같다고 할 수 있다.

주자는 《대학》, 《논어》, 《맹자》, 《중용》의 순으로 이 4개의 텍스트 읽는 순서를 정했다. 《대학》으로 유학의 개론을 먼저 알고, 공자와 맹자의 말을 직접 들어본 다음, 마지막에 《중용》을 읽어 유학의 깊이, 즉 철학이면서 종교이고, 현세 도덕규범이면서 그 속에 우주론적 큰 의미가 들어 있다는 것을 깨닫는다는 것이다.

《논어論語》와 공자孔子

성인聖人이 된 인간, 성경聖經이 된 책

공자孔子

《논어論語》는 공자의 언행言行, 또는 제자들과의 문답問答과 가르침을 적어놓은 책이다.(전 20편) 그중에서도 개인 수양에 관한 내용, 사회윤리(당대 현실 비평)에 관한 것이 태반이다. 다른 종교의 경전經典처럼 신의 계시, 또는 공자의 신비한 체험이나 행적을 다룬 것은 없다. 공자의 일상적이고 현세적인 평범한 생활 속에서 나온 가르침과 윤리적 규범에 대한 내용이다. 그러나 그 속에서 인간과 인간의 길에 대한 지혜를 얻을 수 있다. 물론 당시의 인물이나 시대상황이 조금 낯설긴 하지만, 보편적인 잠언箴言을 추리면 읽을수록 묘미가 나는 가르침이 많다.

《논어》와 같은 고전은 다른 종교 경전처럼 어떤 지식을 주려는 것이 아니므로 읽는 나이에 따라 의미가 다르게 다가온다. 다만 윤리적 규범인 예禮의 경우는 시대가 다르기 때문에 지금 반드시 준용할 수 있는 것은 아니나, 인격 수양에는 도움이 된다.

재미있는 것은 《논어》에 공자의 사생활을 엿볼 수 있는 기록도 있다는 것이다. 공자는 고난을 극복하고 자기의 포부를 성취한 사람이다. 탄생부터 어린 시절의 성장이 원만하지 못했으면서도 자기 운명을 개척해나갔다. 당시 시대상황은 제후들이 정복 전쟁에 광분하던 때였고, 노魯나라 역시 정치적 혼란을 겪고 있었지만, 그는 고대 주周나라의 찬란한 문화를 회복하고자 노력했다. 말하자면 당시로서는 세계문명 비평가요 정치가였다. 자신이 직접 노나라 정치에 참여하기도 하고, 여러 나라를 다니면서 뜻 맞는 제후를 찾기도 했다. 제자들과 천하를 주유하면서 어떤 때는 생사의 고비를 넘긴 적도 있지만, 다른 종교의 기적과는 성격이 다르다.

그가 학단을 열고 제자를 가르친 것도 제자들을 통하여 그의 정치적 포부를 실현하고자 한 뜻이다. 노나라는 중앙정부(천자天子) 주 왕조의 문화를 그대로 옮겨놓은 나라, 즉 주 문화를 건설한 주공周公의 직할지였기 때문에 공자의 노나라에 대한 자부심은 남달랐다. 노나라의 이러한 문화 수준과 공자의 위대함을 떼어놓고 생각할 수 없다. 또한 유교가 국가종교적 성격, 현세주의적 성격, 현실참여의 성격을 가지게 된 것도 그 원류가 여기에 있다.

《논어》를 읽어보면 공자는 훌륭한 스승으로 다가온다. 그러나 그는 유교문화권에서 교조敎祖 이상의 존경을 받고 있다. 한나라 때 유가사상이 국가 공인 학문(통치이념, 국가종교)이 됨으로써 그의 지위가 높아졌다. 그리하여 그는 사후에 문묘文廟(대성전大成殿)라는 사당에 그의 제자들과 모셔져 제사를 받는 영예를 얻게 되었다. 그의 공식 칭호(위패)는 대성지성문선왕大成至聖文宣王이다.

왕조의 이러한 존숭에 의하지 않더라도 실제 그의 생애나 그가 남긴 가르침은 훌륭하다. 세상을 걱정하며 다방면에 호기심을 갖고 발분망식發憤忘食한 공자의 언행은 읽는 이에 따라 여러 가지 감명과 지혜를 얻을 수 있다.

공자 사상의 핵심은 인仁·의義·예禮라고 요약할 수 있다. 인은 남을 사랑하는 의미가 기본 뜻이다. 그러나 '살신성인殺身成仁'처럼 공익을 위해 자기를 희생하는 남자의 기개와 용기까지도 공자는 생각한 것 같다. 또 공자는 인과 지知를 병칭하는 경우가 많았는데, 감성과 지성의 조화를 이루어야 한다는 뜻이다.

이 인은 다른 종교에도 있는 인류의 기본 마음가짐이다. 의도하지 않아도 자연스럽게 발로되는 것이다. 다만 그것을 여러 가지 조건이 방해하고 있을 뿐이다. 그러므로 그 방해를 제거하기 위해서는 의가 필요하다. 올바른 행위 방식이다. 이것을 자의적으로 판단하여 실행하기에는 어려울뿐더러 일관성이 없어지고 공통의 약속이 만들어지지 않으므로 여기에서 예라는 형식(규범)이 필요하다. 크게는 나라를 다스리는 제도, 의례儀禮에서 작게는 개인 윤리규범을 통칭한다. 유교가 사회성을 강조하고 규범과 형식을 강조하는 현세주의 성격을 강하게 띠고, 권력에 의해 국가종교, 통치이념이 된 것도 이 때문이다.

공동체는 가정에서부터 시작된다. 그러므로 공자는 효를 강조했다. 유교가 가족을 중요시하는 이유이다. 또 공자는 지도자의 덕을 많이 이야기했다. 이것을 일반화하면 개인의 수양론이 된다. 이 수양에 관한 잠언은 매우 많다. 공자는 원만한 인격을 위해 문학과 예술도 익혀야 된다고 했고, 자신이 그렇게 했다. 그러나 공자의 인생에도 근심과 그늘이 있었다. "주나라 문화를 하늘이 없애려 하지 않는다면 나 말고 누가 이 일을 맡겠는가!" 이렇게 공자는 자부심을 가졌지만, 세상 구제에 실패하고 만년에 제자들에게 기대를 걸었다. 그리하여 "천명天命을 모르면 군자가 될 수 없다." 또는 "나는 50세에 천명을 알았다."라고 했다. 아들도 먼저 죽고 제자도 먼저 죽었다.

공자는 "괴怪·력力·난亂·신神을 이야기하지 않았다."고 한다. 대단한 합리주의자임을 알 수 있다. '괴'는 비상식적인 것을 말하고, '력'은 힘이나 폭력을 사용하는 것, '난'은 무질서나 비윤리적인 것, '신'은 미신적인 것, 공상적인 초월자 상정想定 등을 말한다. 공자의 이러한 가르침은 훗날 불교나 기독교와 같은 종교에 대한 중국인의 이해를 어렵게 만들었다.

공자의 다방면에 걸친 체험과 말씀 중에는 누구에게나 친근하고 쉽게 다가오는 잠언이 많다. 이 책의 반 권만 잘 읽는다면 정치를 할 수 있다고 한 사람도 있었다. 너무 단문이라 어떤 이는 선불교禪佛教처럼 읽어야 한다고 말하기도 했다.

《맹자孟子》

전란戰亂 속에서 정도正道를 부르짖다

《맹자孟子》는 맹자(이름은 가軻)의 언행을 제자들이 기록한 것인데, 모두 7편으로 구성되어 있다. 공자 사후 약 100년 뒤 인물이다.(B.C. 372~289) '맹모삼천지교孟母三遷之敎'의 이야기로 우리 귀에 익은 인물인데, 공자의 출생지 노나라 옆 작은 나라 추鄒나라 사람이다. 공자의 손자 자사子思의 문하생이 되어 공부를 하였고, 또 지리적으로 추나라가 노나라와 가까워 그 문화의 영향을 받았으므로 공자를 사숙私淑했던 것 같다.

오위吳偉(明), 〈맹모삼천孟母三遷〉

그 역시 40세 초반부터 공자처럼 제齊나라, 등滕나라, 양梁나라 등으로 다니면서 유세를 하였는데, 유가의 이상인 인의仁義의 정치를 당시 제후왕에게 권하였다. 그러나 부국강병富國强兵으로 전쟁을 일삼던 당시 왕의 귀에는 들어오지 않았다. 뜻을 이루지 못하고 고향으로 돌아와 제자들을 가르치며 저술에 힘쓰다가 84세에 생을 마쳤다.

《맹자》라는 책은 《논어》와 달리 상당 부분이 스토리텔링(이야기)으로 구성되어 그 정경이 머리에 그려지면서 맹자의 육성을 듣는 것처럼 착각하게 된다. 당시 제후왕을 공격하는 맹자의 용기와 웅변술도 이 책의 매력으로, 덕이 없는 왕은 내쫓아야 한다고 했으니 대단하다. 옛날 선비들이 과거를 위해서, 문장력을 기르기 위해서 《맹자》를 읽었지만, 그로부터 이런 용기도 얻었다.

맹자孟子

이 책은 주자가 '사서四書'의 하나로 삼아 멋진 주석을 붙임으로써 더욱 유명해졌는데, 《순자荀子》의 '성악설性惡說'에 비해 '성선설性善說'이 성리학의 교리로 적당했기 때문에 주자가 중시하였다. 이보다 먼저 당唐나라 때 한유韓愈가 불교에 대항하여 민족사상으로서 유교를 현창顯彰하고 맹자를 거론하면서 주목을 받기 시작했다. '사서'가 원元나라 때(1313년) 과거시험의 텍스트가 됨으로써 더욱 부동의 지위를 갖게 되었고, 우리나라에서도 주자학 수입 이후 중시되었다.

그러나 《순자》에 비해 지나치게 종교적 색채가 강하고 합리적

이성주의, 객관적 지식추구의 면이 약하므로 오늘날은 《순자》와 함께 읽어야 한다. 한국인의 종교적 열정이 지나친 것도 이 《맹자》의 영향인지도 모르겠다. 일본인은 《순자》도 읽어 차분하고 실리를 챙기는데 말이다.

맹자는 인간의 도덕적 원천이 천부적으로 주어졌다는 것을 매우 강조했는데, 이는 서양 철학자 칸트의 선험적 도덕률과 같다. 또 유신론적 종교 체계가 없는 동아시아 유교문화권에서 이 성선설이 차지하는 비중은 매우 크다. 사단론四端論·호연지기浩然之氣·대장부론大丈夫論·부동심不動心·왕도패도론王道霸道論 등을 통해 알 수 있듯이 도덕의 힘을 강조하고 있다.

현대 자본주의와 상업주의, 국가패권주의 앞에 무력해지고 있지만, 그러나 도덕의 힘이 세다고 여기는 독자는 이 책을 읽어보라! 600년 역사의 유교 '바이블'이다. 중국에서는 중국식 사회주의 건설을 위해 다시 유학을 장려하고 있고, 초등학생부터 '사서'를 읽히고 있다.

《맹자》에 대해 책 소개만 해서는 좀 아쉽다. 그 영향력과 현대적 시사점을 조금 짚어볼 필요가 있다. 이 책 속에는 우리가 익히 아는 고사성어도 많다. 모두 우리를 각성시키고 현대적 활용도 될 만한 것들이다.

《맹자》 첫머리에(중국고전은 앞부분이 오리지널인 경우가 많다.) 양혜왕梁惠王과 문답하는 장면이 나온다. 왕이 '부국강병'의 좋은 방책을 가르쳐 달라고 하니, 맹자는 "인의仁義가 있을 뿐입니다. (왕도정치는 인과 의로 실행해야 합니다.)"라고 말했다. 여기서 그치지 않고 왕의 요청으로 맹자는 장시간 왕과 대화를 했다. 윗사람이 틀려도 가만있는 오늘날의 로봇 신하는 본받을 만하다.

선비들에게 《맹자》가 인기 있었던 이유는 그가 '왕도정치'를 힘써 강조한 데 있는데, 그는 백성들의 경제를 구체적으로 언급하며 그것이 왕도정치의 기초라고 역설했다. 예를 들면, '농지를 9등분하여 8가구에 나누어주고, 가운데 한 구획은 공동 경작하여 농지세를 내도록 한다.', '농가 빈터에 뽕나무를 심고 가축을 길러 부업을 하게 한다.', '상업세, 통관세 등 각종 세금을 줄여준다.' 등이와 같이 구체적으로 언급했다. 그러면서 '백성에게는 생업이 있어야 도덕심도 있다.'고 경제적 기반의 중요성을 강조했다.

왕도를 이야기하면서 맹자가 강조한 것 중 중요한 내용은 영토확장 때문에 전쟁을 일으키지 말라고 왕들에게 늘 설득한 것이다. 오늘날 동아시아에 땅을 두고 전운戰雲이 감돌고 있으니, 해당 나라들은 모두 맹자를 읽은 나라들로 아이러니컬하기 짝이 없다. 또 맹자는 왕이 덕이 없어 정치를 잘못하면 '내쫓을 수도 있다.'는 말을 했는데, 대단한 용기이다. 또 "백성이 귀하고, 그 다음이 나라이고, 마지막이 군주이다."라고도 하였다. 이 말을 트집 잡아 명나라 태조는 이런 말을 뺀 《맹자절문孟子節文》을 만든 적도 있다.

그가 왕도정치를 위해 열변을 토하는 가운데 재미있는 숙어가 많이 나왔다. '연목구어緣木求魚(나무에서 생선을 구한다.)', '솔수식인率獸食人(백성은 굶어죽는데, 지도자는 애완동물을 기른다.)', '망민罔民(백성을 가르치지 않고 벌주는 것은 그물질하는 것이다.)', '오십보백보五十步百步(전쟁터에서 겁이 나 50m 도망가는 것이나, 100m 도망가는 것이나 같다. 백성에게 실감나게 인정을 베풀어야 한다.)', '여민동락與民同樂(지도자는 백성과 함께 즐긴다는 마음을 가지고 즐겨야 한다.)', '불인인지심不忍人之心(측은지심惻隱之心)'을 가지고 정치해야 한다.

맹자의 '성선설'은 이미 설명했다. 이와 연관하여 도덕의 힘에 대해 맹자는 나이 40세에 '부동심不動心'이다.(마음이 미혹되지 않는다.) 이것이 '대장부'이고, "천만인과도 대적할 수 있다.(부끄럽지 않다.)"고 했다. 그 도덕적 기개가 '호연지기浩然之氣'이다.

옛 선비들이 이 《맹자》에서 많은 교훈과 '용기'를 얻었는데, 스토리를 읽다 보면 저절로 훈습薰習된다. 우리 민족성을 보면 정감이 솟아나는 이 책을 너무 많이 읽은 것 같기도 하다.

《대학大學》
유교儒教의 핵심정리 노트

이제까지 소위 '사서四書'를 중심으로 고전 이야기를 하고 있는데, 이는 우리 주위를 둘러보아도 한문공부를 한다는 교양과정에서 모두 '사서'를 중시하고 있기 때문이다. 오늘날 '사서'가 가장 좋은 고전이라는 뜻은 아니다. 주위 교양강좌에서 또는 대학의 한문학과나 한국고전번역원(국가기관) 번역자 양성과정에서나 '사서'를 중시하기 때문에, 왜 '사서'를 중시하는지 알아볼 필요가 있다.

또 교양을 지나서 고전 원문을 보려고 하면 소위 한문으로 된 우리나라 전통문화의 내용에 이 '사서'를 종횡으로 인용하고 있기 때문에 이것을 모르고는 읽을 수 없다는 것도 이유 중 하나이다. 그리고 교양 차원에서도 오늘날 '대학大學(유니버시티)', '과부족過不足이 없는 중간'이라는 뜻의 '중용'이라는 말을 많이 쓰고 있는데, 이러한 말들이 《대학》과 《중용》에서 나왔기 때문이다.

또한 《대학》과 《중용》은 페이지가 적은 고전이지만, 그 속에 유교(유학)의 핵심 사상이 들어 있기 때문에 매우 중요하고, 그래서 반드시 살펴보아야 하는 당위성이 있기도 하다. 예를 들면, 《대학》은 우리가 흔히 말하는 '수신修身 - 제가齊家 - 치국治國 - 평천하平天下'의 교육 순서가 실려 있고, 우리가 공부(수양)를 왜 해야 하며 어떻게 해야 하는지를 말해주고 있다.

원래 《대학》은 옛날 국립 엘리트 교육기관인 '태학太學'의 교육 목표와 지침, 교육과정을 적어놓은 책인데, 중간에 편차가 흩어지고 빠지고 하여 약간 계통이 어지럽게 된 것이 단점이다. 이것을 주자가 바로 잡아 불교佛教와 도가道家에 대항하여 유학을 살려내려는 목적으로 이 책을 '유학 개론서'로 삼았다. 그만큼 이 책은 유학 정신을 잘 설명하고 있는 고전이다.

핵심은 《대학》 앞부분(경1장)에 요약한 대로이다.(그 뒤의 것은 부연설명이다.) 왕이나 정치 엘리트는 정치에 앞서 자기 몸을 수양하고, 집을 먼저 다스리고, 그 다음에 정치에 임해야 한다는 당위를 말하였다. 지금도 이 정치윤리는 유효하다. 우리나라 사람들이 정치인의 도덕성에 민감한 것도 그 영향이다.(너무 지나쳐 '아니면 말고 식'의 무고를 하는 경우가 많지만)

그런데 여기에 중요한 시사점이 하나 있다. 유능한 정치인이 되기 위해서는 '격물치지格物致知'를 해야 한다는 것이다. 공자도 단순한 유덕자有德者가 아니었고, 당시 최고의 지식인이었다.(공자는 내가 뭘 많이 안다고 하느냐 하고 겸손하게 말했지만) 격물치지를 오늘날로 치면 '법에 정통'한 것이 주 내용이다. 미국의 많은 정치 엘리트들이 변호사 등 법률전문가인 것을 보아도 알 수 있다. 우리나라 많은 정치 지망생들은 여기서 자신을 되돌아보아야 한다. 많은 전문 지식인이 정치에 참여하는 것은 그 다음 문제이다. 《대학》 경1장은 '주문呪文(주기도문)'처럼 항상 외울 필요가 있다.

《중용中庸》

지나치거나 모자라지 않는 덕성德性

'지나치지도 않고 모자라지도 않는 것'을 우리는 '중용'이라고 한다. '사서' 중에 《중용》이란 책이 말하는 '중용'이 그런 뜻이다. (주자는 중中과 용庸을 각각 설명했지만)

그런데 여기서 말하는 '중용'은 '알맞다'는 황금척도를 말하는 것이 아니고, 인간 내면의 '덕성'을 말한다. '덕성'은 모든 사람들의 '인간 본질'이면서 '나'라는 '자아의 세계'를 말한다. 그러므로 《중용》은 첫머리에 '하늘이 인간에게 천부적으로 부여한 것이 본성이고, 여기 따르는 것이 도道(인간의 길)이고, 그 방법이 가르침(교육)이다.'라고 말한다. 인간다움의 근거는 '하늘'에 있다는 말인데, 매우 중요한 발언이다. 고대 인간의 지적 수준에서는 그렇게 밖에 볼 수 없었다. 기독교가 초월적으로 신을 창조주創造主로 상정한 것과 유사한 발상이다.

신에게 경배하듯이 유교 역시 이 '본성'을 따르는 것(잘 발휘하는 것)이 인간의 길이고, 구체적 방법을 규범화하고, 제도화한 것이 교육이라고 규정한다. 그러므로 《중용》은 유교의 핵심 교리인데, 인간은 현세에 살면서 인간의 길(윤리)을 밟아야 한다는 것이다. 이는 불교나 도가의 초현세주의에 대한 유교의 현세주의적 입장이고, 주자가 이 책을 중요시한 이유도 거기에 있다.

그 다음 《중용》이 가르치는 바는 '본성을 따르기' 위한 마음의 '수양법'을 제시하고 있는 점이다. "희로애락의 감정이 아직 싹 트지 않은 고요한 상태를 '중中'이라 하고, 감정이 적절히 표현될 때 그것을 '화和'라고 한다. 이 '중화'에 이르면 남에게, 나아가 만물에까지도 좋은 영향을 미쳐 천지가 바로 서고 만물이 길러진다."라고 말한다. 뒤의 그 공효功效는 조금 과장되었지만, 여하튼 마음의 평정과 감정의 컨트롤이 이 세상 속에 살면서 도덕을 성취하기 위한 수양 방법임을 강조하고 있다. 이 두 내용 이외 여러 문헌에서 뽑은 뒷부분은 부연설명이다.

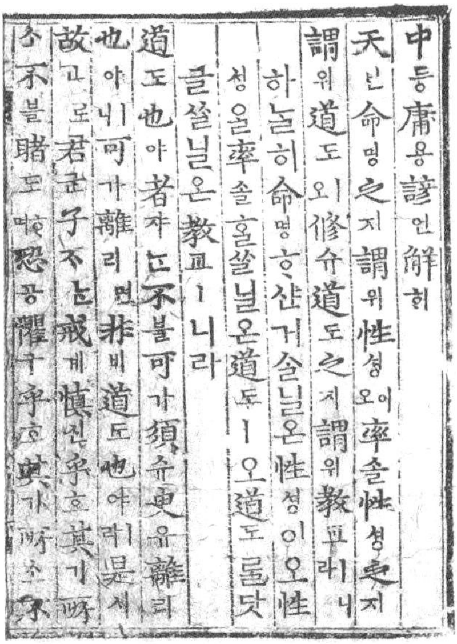

《중용언해中庸諺解》 1810년(순조 10) 간刊

나의 덕성의 근원이 하늘에 있고, 이것을 잘 발휘해야 함을 깨닫고, 구체적으로 심리적 안정과 적절한 감정 표현을 위해 노력한다면 남은 물론, 만물과 이 우주에까지 합일合一되는 느낌(도덕적 만족감)을 얻을 수 있다는 것이다. 반드시 그래야만 현세에서 속되지 않고, 하늘을 공경하면서도 추상세계(현세와 동떨어진)에 떨어지지 않는다는 것이다.

과거 농업사회에서 자연은 위대하게 생각되었다. 그리하여 하늘은 우리를 속이지 않고, 자연 섭리는 위대하다고 보았다. 이것이 '성誠'이다. 인간도 이것을 본받아야 된다. 《중용》은 유교의 교리이고, 그 첫 장은 주문처럼 외울 만하다.

다산茶山 정약용丁若鏞 형제는 이것을 매개로 유일신론 천주교에 귀의했다. 그러나 오늘날 초월신론超越神論, 범신론汎神論, 범재신론汎在神論 모두 종교로서의 우열이 없다는 것을 우리는 잘 알고 있다. 또 종교적 진리보다 과학적 진리가 앞서는 현실을 무시할 수 없다. 그렇다면 《중용》을 다시 보아야 되지 않을까?

'오경五經'의 성립배경

유교儒敎의 가장 중요한 다섯 경전

앞에서 '사서四書'에 대해서는 이야기했다. 또 주자의 '사서집주'에 대한 설명도 했다. 우리가 통상 동양고전으로서 '사서'라고 하면 주자가 주해를 한 이 '사서집주'를 말한다. 과거시험의 텍스트였으므로 그 권위가 대단하였다.

또 우리는 동양고전으로서 '사서오경四書五經'이라는 말도 자주 쓴다. 이 '오경'은 '사서'가 성립되기 이전, 즉 송대 이전의 교육과 과거시험 기본교재였다. '오경'은 《시詩》, 《서書》, 《역易》, 《춘추春秋》, 《예기禮記》의 다섯 경전을 말한다. '오경'에서 '사서'로 텍스트의 중심이 바뀐 것은 '오경'이 너무 옛날 투의 문장이고, 내용 또한 고대 성왕과 역사에 대한 이야기로 시대 변화와 맞지 않을 뿐만 아니라 어려웠기 때문이다. 이는 자연스러운 지성知性의 발달 과정이기도 하다.

그러나 지금도 유교경전 하면 '사서오경'이라 하는데, 그것은 이 기본서를 읽어야 고대 역사와 문화, 사상을 이해할 수 있기 때문이다. 특히 고전번역에 종사하는 사람이나 고전 자체를 연구하는 사람은 반드시 일별하지 않으면 안 되는 책이다. 하지만 오늘날 '일반 한문강좌'에 그대로 답습하기에는 적절하지 않다. 또 이제 우리나라의 입장에서 동양고전을 '평가하고 취사선택'할 필요가 있기 때문이다.

'오경'을 이해하기 위해서는 그 성립 배경을 이해하는 것이 중요하다. 고대 중국의 국가체제를 갖춘 것은 주나라(B.C. 1046~B.C. 256) 때부터였다. 그 다음 춘추전국시대(B.C. 770~B.C. 221)는 혼란기로 '제자백가'가 등장하였다. 전국시대를 종언終焉시킨 나라가 진시황의 진秦나라였고, 이 진나라가 얼마 안 있어 망하고 이어 한漢나라가 성립되었다. 한나라는 명실상부한 중국의 고대 통일국가였다. 주나라가 봉건제의 통치체제였다면, 한나라는 강력한 중앙집권제를 채택하였다. 이는 강력한 절대왕권 체제라 할 수 있다. 왕이 관료를 선발하고 임명하여 그들로 하여금 전국의 행정망, 즉 군郡·현縣을 통하여 백성을 다스리도록 하는 친정親政체제였다.

이들 관료를 양성하려면 태학太學(국립대학)을 세워야 하는 것은 물론이지만, 또 텍스트를 편찬하는 일이 급선무였다. 전국시대 전쟁통에 많은 문헌이 없어지기도 하고 책이 착간錯簡되거나 여러 판본이 나와 비교 검토도 필요하였기 때문이다. 천하에 명령을 내려 모든 문헌을 모으고 교재가 될 만한 에센스를 뽑아 책을 편집하였다. 각 경전별로 국가관료 신분의 전문가를 두고 태학에서 학생들을 가르치게 하였다. '오경박사五經博士' 제도가 그것이다. '박사'라는 말은 오늘날과 같은 의미로 한 분야 전문가란 뜻이다. 다섯 경전을 당시에는 아직 '경經'이라 부르지 않았고, '경'은 송대에 와서 붙여졌다.

《시경詩經》

진솔한 감정을 노래한 최고最古의 가요집

《시경詩經》은 고대 중국의 가요집인데, B.C. 470년경에 만들어졌다. 주로 서주西周 초기(B.C. 11세기)부터 춘추시대 중기(B.C. 6세기)까지 전승된 '시'가 많이 실려 있다. 《논어》에 보면 공자가 아들과 제자들에게 《시》를 읽지 않으면 담벼락을 대하고 서 있는 것처럼 지식도 짧고 식견도 좁아진다고 하거나, 《시》를 읽고 외교에 나서야 한다는 말도 한 것으로 보아 공자 당시 널리 전해진 것으로 보인다. 또 공자가 음악을 좋아하고 악기도 탈 줄 알았다고 하니, 《시》의 가사를 음악에 맞추어 불렀을 것이다. 당시 약 3천여 편이 전해졌는데, 훗날 공자가 이를 3백 편으로 편집하였다고 하는 말도 전연 근거 없는 추측은 아니나 단정할 수는 없다.

《시》는 오늘날로 말하면 '문학 교양'에 속한다. 오늘날도 문학이 인문학의 기본인 것을 보면 공자의 말은 매우 일리가 있다. 현재의 《시》 3백 편은 풍風, 아雅, 송頌 3종류의 장르로 나뉘어 있다. '풍'은 '국풍國風'을 말하는데, 당시 각 나라의 풍토와 사회를 배경으로 일반 백성들의 삶의 모습을 노래한 것이다. 일종의 '민요'라고 할 수 있다. '아'는 가면을 쓰고 춤을 추면서 조상의 공덕功德을 노래하는 서사적인 시를 말한다. 씨족집단의 결속을 강화하기 위하여 만들어졌으나, 나중에 궁정과 귀족사회의 연회에서도 불리게 되었다. '송'은 '아'와 같이 조상의 공덕을 가무로 재현하는 서사적 시를 말한다. 다만 왕의 사당, 즉 종묘宗廟에서 불린 점이 다르다. '아'와 '송'은 기독교의 '시편'처럼 찬양·찬송하는 것이 목적이지만, 그 외에 의례儀禮에 관한 것도 많아 외교에서 유용하게 활용되었다.

《시》의 백미는 '국풍'에 있다. 문학적으로도 그 후 큰 영향을 미쳤고, 지금 일반인이 읽어도 전연 어색하지 않다. 민중의 소박한 노래이기 때문이다. 같은 형식이 반복되므로 첫 구절만 인용한다.

메뚜기

메뚜기떼 많기도 하네,
너의 자손 번성하리라.

까치집

저 까치집을 지으니 비둘기 날아와 사네.
이 아가씨 시집갈 때 수레가 마중하리.

떨어지는 매실

내던지는 매실 일곱 개,
나를 찾는 사내들아 이 기회를 놓치지 마라.

장끼

장끼가 날아오르네, 천천히 날갯짓하네
그리운 님이여! 내 마음에 괴로움만 남았네.

이방운李昉運, 〈시경詩經 빈풍豳風 칠월도첩七月圖帖〉 중

다음은 '아'이다.

소아小雅 큰 다북쑥

저 큰 다북쑥 이슬 촉촉하네.

님을 만나보니, 내 마음 후련하네.

잔치 벌여 웃고 이야기하니, 기분 좋은 말에 마음도 편안하네.

대아大雅 문왕文王

문왕의 영혼은 위에 계시고, 오! 하늘에서 빛나네.

주周는 오래된 나라지만 그 천명은 늘 새롭네.

혁명을 '유신維新'이라 하는 말도 여기에서 나왔고, 왕조시대 정치 문화에서 각종 명칭과 상징어도 이 시에서 따온 것이 많다.

다음에 '송'에 대해 몇 구절 적어본다.

주송周頌 청묘淸廟

아, 심원한 청묘淸廟에 공경스럽고 우아한 공후公侯들
많고 많은 선비들이 집사執事로 나서서
문왕文王의 덕을 칭송하는 예를 행하는데
하늘에 계신 분을 대하고 사당의 신神을 분주히 받든다.
드러나지 않을까 받들어지지 않을까
문왕의 덕이 사람에게 미움을 받을 리 없으리라.
이는 주공이 사당에서 문왕을 제사할 때 찬양한 시이다.

주송周頌 유천維天

하늘의 명命이 심원하여 그치지 않으시니
아, 드러나지 않을까 문왕의 덕이 순수함이여.

이는 주공이 문왕의 덕을 칭송한 시詩이다. 하늘의 명〔維天之命〕을 받아 왕이 된 문왕의 덕이 훌륭하다는 뜻이다.

《서경書經》

옛 성왕聖王의 말씀을 기록하다

옛날에는 《서書》, 혹은 《상서尙書》라고 불렀고, 송대 '오경五經'에 들어가면서 《서경書經》이라고 하였다. 대략 B.C. 600년경에 만들어졌다. 성왕聖王, 명군明君, 현신賢臣이 남긴 어록집, 정치적 선언이나 명령을 모은 것 정도로 보면 된다. 오늘날로 치면 정치적 발언집이라 할 수 있다.

'상尙'은 '상上'과 통하는 글자로 '상고시대', 즉 옛날이라는 뜻이다. 옛날 궁정에서는 왕의 말을 기록하기도 하고 왕의 행사(사건)를 기록하기도 했는데, 《상서》는 주로 말(왕의 포고나 명령)을 기록한 것을 한 권의 책으로 묶었다. 편명을 보면 그 글의 종류를 알 수 있는데, 가령 '고誥' 하면 정치적 명령, '서誓' 하면 군사적 명령, '명命' 하면 임금이 신하에게 권고하는 말 등이다. 전설에 의하면 공자가 고대의 기록 3천여 편 가운데 백여 편을 선정하였다고 하지만, 확실하지 않고 아마 춘추전국시대를 거치면서 서서히 형성된 것으로 보인다.

《서경》의 문장은 까다롭다. 그러므로 일반 독자들이 고전이라고 하여 한문이든 번역문이든 꼭 읽으려고 할 필요는 없다. 전근대에는 이 책이 고대 성왕의 말씀이라 하여 무조건 존중한 나머지 자주 인용하였지만, 지금은 이 책이 말하는 메시지를 음미해보는 것으로 족하다.

이 책에 나타난 메시지는 대략 다음과 같다.

첫째, 원시적인 민주제民主制이다. 요堯가 순舜에게, 순이 우禹에게 '선양禪讓(왕위를 평화적으로 넘김)'했다는 것이 대표적이다. 둘째, '천인감응天人感應' 사상이다. 군주의 정치적 득실이 기후에 영향을 미친다는 것이다. 셋째, '왕권천명설王權天命說'과 '명덕보민明德保民' 사상이다. 군왕의 권력은 '하늘의 명'에 의한 것이고, 현실적으로는 백성을 잘 다스려야 한다는 것이다. 넷째, 천하통일 사상이다. 중국 대륙은 고대에 늘 분열되어 있었다. 그러므로 왕들은 항상 천하통일의 희망을 갖고 있었다. 다섯째, 고대 우주자연과 인간사, 정치에 대한 몇 가지 분류법(인식의 틀)을 적어놓은 '홍범구주洪範九疇'가 주목된다. '오행五行'(수·화·목·금·토), '오사五事', '팔정八政', '오복五福' 등 9가지이다.

《서경》의 많은 부분을 차지하고 있는 것이 〈주서周書〉인데, 주나라 시대 정치에 대해 서술해놓았다. 주나라의 성립은 요·순 시대 선양했던 것과는 매우 다르다. 은나라를 멸하고 주나라를 세운 무왕武王은 부친 문왕文王이 죽은 뒤 상중에 있었지만, 천명이 주나라에 있다고 선언하고 은나라 주紂임금을 정벌하러 나섰다. 이때 고죽국孤竹國의 왕자였던 백이伯夷와 숙제叔齊가 간하였으나 듣지 않았다. '역성혁명易姓革命'의 정당성을 역설하고 있는 셈이다. 그 후 역사를 보면 선양은 없고 폭력혁명이 반복되었다. 오늘날은 부득이 민주주의가 차선의 방법이 되고 있다.

《예기禮記》

윤리倫理·도덕道德의 실천 규범規範

지금 '오경'을 소개하고 있는데, 이번에 소개할 고전은 《예기》이다. 이 책은 사실 내용이 매우 어려워 일반인이 읽기에는 적당하지 않다. 그런데 이 책 가운데서 2개의 편篇(작은 논문), 즉 〈대학〉과 〈중용〉을 골라내어 별도로 하나의 독립 고전으로 만든 것이 바로 '사서四書' 중의 하나인 《대학》과 《중용》이다. 그러고 보면 이 책에는 중요한 유학 관련 논문이 실려 있다고 추정할 수 있다.

이 책은 글자 그대로 '예에 관한 기록(논문)'이다. 대성戴聖과 대덕戴德 두 사람이 고대로부터 내려온 예에 관한 문헌을 수집하여 편집한 것인데, 대략 춘추시대 말기에서 한나라 초기에 이루어졌다. 체계가 정연하지 않고 조금 잡다하다.

원래 유교의 핵심은 '예禮'이므로 이에 대한 책이 유교를 이해하는 데 매우 중요하다. 보통 '3례三禮', 즉 3가지 예에 관한 중요 문헌으로 이 책과 더불어 《주례周禮》와 《의례儀禮》를 든다. 《주례》는 고대 왕조 주나라의 전장문물제도典章文物制度를 적어놓은 책이고, 《의례》는 고대 사회의 각종 '의례'에 관한 기록을 모아놓은 것이다. 《예기》는 이 《의례》에 관한 해석이라 할 수 있다.

《주례》는 고대 이후 중세를 거쳐 근대에 이르기까지 왕조사회에서 국가를 다스리는 기본 법전 역할을 해왔다. 중국이나 우리나라 실학자들이 주장하는 제도 개혁의 주장 속에도 자주 이 고전이 인용된다. 《주례》를 매우 이상적인 통치 원리, 제도의 모범으로 보았기 때문이다.

《의례》는 예 집행의 그야말로 형식과 절차를 적어놓은 것이라 고대 사료로서는 참고가 되나 일반적인 고전은 아니다. 그러므로 그 형식을 설명해놓은 《예기》를 중요시하였고, 《의례》와 유사한 딱딱한 글을 빼고 나면 또 읽기도 쉬워 자고로 환영을 받았다. 그러나 그 설명에 오늘날 적용되는 윤리적 의미가 풍부한 글이라 하더라도 유교의 윤리규범이기 때문에 유교에 대한 일반적 이해 없이는 흥미가 나지 않는다.

모든 종교에 '계율'이 있다. 유교에서는 이 예가 그런 역할을 해왔다. 작게는 일상의 기거동작起居動作의 절도, 크게는 관·혼·상·제冠婚喪祭와 같은 4례四禮(통과의례), 더 크게는 국가의 제도문물, 각종 의전절차가 모두 예라고 할 수 있다.

조선조에서 선비들이 주로 연구한 것은 4례이고, 그중에서도 '상례喪禮'였다. 예는 공동체에서 신분을 차등 짓고, 공동생활의 질서를 바로잡고, 또 개인행동의 절도와 절제를 도모하기 위한 것인데, 특히 상례를 중시한 것은 죽음의 문제와 함께 부모님에 대한 '효도'가 깊이 관련되어 있기 때문이다.

원래 예의 기능은 '구분 짓는 것'(차별과는 조금 다르다)이다. 이는 공동체 생활의 질서를 유지하기 위하여 필요할 뿐만 아니라 개인행동의 절도와 절제를 위해서도 필요한 규율이다. 오늘날 사회 규율은 법으로 규정되어 있다. 만약 예로써 질서가 유지된다면 법이 그만큼 쓸모가 없거나 줄어들 것이다. 그러나 오늘날 사회는 각종 법 없이는 질서 유지가 어렵게 바뀌어버렸다. 이는 자본주의 사회일수록 심한데, 그 원인은 '이익'을 서로 다투기 때문이다.

고대의 예가 그 정신은 질서를 위한 구분 짓기에 있다 하더라도 이것이 제도화되고 관습화되면 신분차별이 되고 자유를 구속하고 감정과 생각을 억압하는 등 부작용이 뒤따르기 마련이다. 그러므로 이 예는 왕정제에 적합한 것으로 소위 '예치禮治'에 중요한 수단이 되었다. 《예기》에는 말하기를 "예는 친소親疎를 정하며 동이同異를 구별하며 시비是非를 밝힌다."라고 한다.

현대의 어떤 중국학자는 "수천 년 이래 중국민족의 의식 형태에 가장 큰 영향을 준 책은 유교의 서적들이다. 그 영향의 크기를 보면, 《예기》는 《논어》 다음이고 《맹자》보다 앞서며, 《순자荀子》를 훨씬 앞선다."라고 한 바 있다. 우리나라에서 《순자》를 별로 중요시하지 않은 것도 이 《예기》를 경전으로 많이 읽었기 때문임이 이 말로써 이해가 된다.

예의의 바탕은 도덕이다. 그러므로 예는 형식으로 도덕심을 고양시킨다고 할 수 있다. 또한 예에서는 '형식미'가 나올 수 있다. 그리고 '명분'도 예에 의해 밝혀지고 올바르게 규정된다. 국가통치에 있어서 군주의 권력 유지는 법가法家의 원리를 응용하더라도 겉으로는 예치를 내세워 백성들이 감화되도록 해야 하므로 이 책은 통치에도 매우 유용하게 쓰인다.

군주의 예치에 있어서 명분과 질서는 신분을 존비귀천으로 구분하는 데서 나온다고 했는데, 이것이 고대 봉건사회의 정치관이었다. 《예기》에서 말하기를 "윤리도덕은 예 없이 실현되지 않는다. 소송과 판결, 존비尊卑의 구분, 교육, 군대, 벼슬살이, 기도와 제사 등 모든 것이 예가 아니면 이루어지지 않는다."라고 한다.

유교의 종교적 행위는 정치(백성을 다스림)로 나타나는데, 왕조시대의 그 형태를 이 《예기》를 통하여 여실히 볼 수 있다. 한편 우리에게 익숙한 생활 예절 형식은 '4례四禮'에서 볼 수 있다. 관혼상제冠婚喪祭가 그것이다.

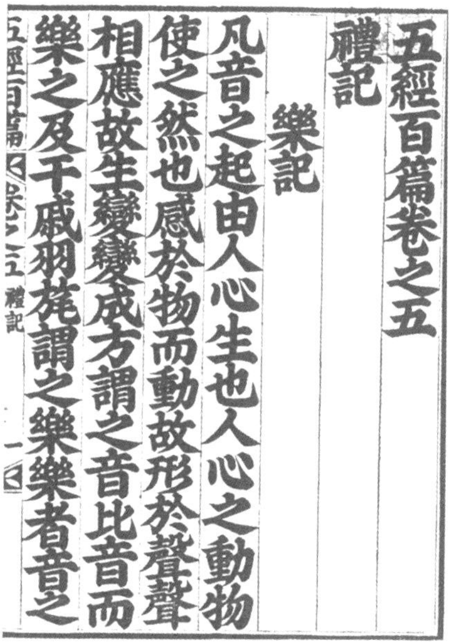
五經百篇卷之五
禮記
樂記
凡音之起由人心生也人心之動物
使之然也感於物而動故形於聲聲
相應故生變變成方謂之音比音而
樂之及干戚羽旄謂之樂樂者音之

정조正祖 《오경백편五經百篇》 중 《예기禮記》

《예기》가 가르치는 잡다한 예절은 오늘날 시대와 맞지 않는 것도 많지만, 그중에서도 '경건함〔敬〕', 즉 행동의 절도, 욕망의 조절, 품위 있는 행동 등 개인 수양에 관한 것은 참고할 만한 가치가 있다.

《주역周易》

우주의 심원深遠을 바라보는 철학적 시선

《주역周易》은 고대에는 《역易》, 송대宋代에는 《역경易經》이라 하여 '오경' 중에서 으뜸으로 쳤다.(《사고전서四庫全書》 목록에도 첫 번째 경經으로 나온다.) 지금도 동양 3국이 《논어》 못지않게 이 책을 탐독하고 있다. 우리나라에서는 고전강좌 어디에나, 또 교양강좌 곳곳에서, 심지어 사이비 전통종교에서도 이 책을 들먹이고 있다.(그래서 우리나라에서 많이 쓰는 《주역》이라는 명칭으로 부른다.) 아카데미의 동양철학자들도 이 책을 약간 신비하게 생각하는 경향이 있다. 과연 이 신주단지에서 요술방망이가 나올까?

이렇게 된 데는 이 책이 각종 '술수術數'와도 연관이 있다고 생각하여 점치는 책으로 신비하게 생각하기 때문이다. 그러나 실제 일반인들이 좋아하는 '사주(추명推命)학'이나, '관상학', '운세' 등에는 이 책이 바로 인용되지 않는다.(여기서는 음양오행설이 이용된다.) 64개의 괘卦를 가지고 치는 '주역점'은 별개이고, 이는 선비들이 치기도 했는데, 지금 일반인도 할 수 있다. 고민 있는 사람이 《주역》에 의뢰하여 자기 나름의 풀이를 얻어볼 수 있다. 다만 해석이 문제다. 그러므로 이를 위해서는 일종의 공부가 필요하다.

《역》은 B.C. 700년경에 만들어졌으며, '점술占術의 원전'이자 중국 고대 자연철학과 실천윤리의 교본이다. 주周나라 때 만들어졌다고 하여《주역》이라 한다. '점술'은 미래를 예견하는 기술이란 뜻이다. 그 근거는《주역》이 인간사회를 포함한 우주자연을 '유기체有機體'로 보기 때문에 가능하다. 이 우주의 만물은 존재나 사건이나 모두 '유기적 관계'에 있으므로 그 관계를 기계적(과학적)인 어떤 체계(메커니즘)를 만들어 해석하고, 그 체계를 이용하여 미래를 예측할 수 있다는 주장이다. 불교의 '인연생멸설因緣生滅說', 현대 의학의 '유전인자질병설遺傳因子疾病說' 등도 이와 같은 관계론이다. 미래를 예측한다는 것은 현재를 직시하고, 나의 결점을 아는 것과 같다. 여기서 '수양론'이 성립되고,《주역》이 윤리교재가 된다.

고대 은殷나라에서는 거북의 등껍질이나 동물의 넓적다리뼈를 태워 그 갈라진 모양을 보고 점을 쳤다. 그 후에 서죽筮竹(대나무를 깎아 만든 가는 막대기 50개)이 이용되기도 했다. 그 결과 얻어진 점사占辭를 기록, 보관했다. 이 중에서 잘 맞아떨어진 것을 골라 편집한 것이《역》의 원형이었을 것이다. 이것이 널리 보급되자 어려운 점사를 해석하는 기준이 필요했다. 이 기준에 대한 설명이 〈계사전繫辭傳〉을 비롯한 10개의 안내 논문, 〈십익十翼〉이 그것이다.《주역》은 64괘에 대한 설명이고, 괘의 기본 단위는 음효陰爻와 양효陽爻다. 우주자연의 '기본 구성단위'를 음(--), 양(—) 두 요소로 나타내고 만물만사가 이것의 조합이라고 보는 것이다.

지금 컴퓨터가 0과 1의 조합에 의하여 움직이는 것과 같다. 이 두 요소를 한 번 겹치면 4개의 모양이 갖추어지고, 다시 한 번 더 겹치면 3개의 효爻로 이루어진 소성괘小成卦(기본괘)가 이루어진다. 건乾(하늘)☰, 태兌(연못)☱, 이離(불)☲, 진震(우뢰)☳, 손巽(바람)☴, 감坎(물)☵, 간艮(산)☶, 곤坤(땅)☷이 그것이다.

이 소성괘의 자연물에의 비유는 당시 인간 지성 수준에서의 '인식틀'을 나타내는데, 어떤 논리적 정합성整合性을 가지고 있는 것은 아니다. 당시 수렵·농경 사회의 모습도 반영된 인식틀로서 '상징적 모형'이다. 이 상징성 때문에 의미의 폭이 넓어 오늘날도 어느 정도 이해 가능하다.

그러나 이것만으로는 자연과 인간사의 복잡한 내용을 다 담을 수 없으므로 이 소성괘를 중복시켜 64괘(대성괘大成卦)를 만들었다. 자연과 인간사의 만물만사가 이 64개의 케이스를 가지고 다 커버될 수 있다고 생각했다. 더 중복시켜 괘를 늘일 수도 있지만, 인간은 간단한 원리로써 포괄적으로 연역할 수 있는 도구를 원하므로 여기에서 그쳤다. 64괘의 각 괘에는 '이름'이 붙어 있고, 이것이 그 괘의 성격을 말해준다.

'괘卦'는 '괘掛', '들어서 보여준다.'는 의미이다. 이 괘는 상징적 표시(이미지〔象〕)이므로 이 '괘사卦辭'의 해석이 매우 중요하다. 이 괘를 둘러싼 여러 가지 해석(관계론적 해석)이 축적되어 있다. 이 해석을 풀이하는 것이 어렵기 때문에 《주역》이 어렵다 하는 것이고, 어려우므로 '신비하다'고 여기는 것이다.

괘사를 보면 여기에 관계론적 의미가 부여되는데, 매우 '인문학적'이다. 가령 2효는 신하, 5효는 임금이고, 신하는 복종해야 하므로 음효라야 좋고, 임금은 명령자이므로 양효라야 좋다.(자기의 바른 위치) 이러한 조응照應을 '중정中正'이라고 하여 높이 평가한다.

《주역》은 '역동성(변화)'을 중시한다. 상괘는 하늘, 하괘는 땅인데, 이는 비否(막힘)라고 하고, 그 반대괘는 태泰(화합)라고 본다. 이는 하늘의 기는 위로 올라가므로 밑에, 땅의 기운은 아래로 내려가므로 위에 있어야 음양이 조화를 이룬다는 생각이다. 또 괘의 배열 순서에서 마지막 괘는 미제未濟(미완성)인데, 이는 우주가 끝나지 않는다는 의미이다. 그러나 기조는 순환론이다.

64괘는 '철학적 범주(카테고리)'이다. 오늘날은 과학시대이지만 우주자연을 '철학적'으로 파악한다는 데 매력이 있다. 어려워 잘 모르지만 매달리는 이유가 거기에 있다. 오늘날은 '오늘날의 괘사'를 지을 필요가 있다.

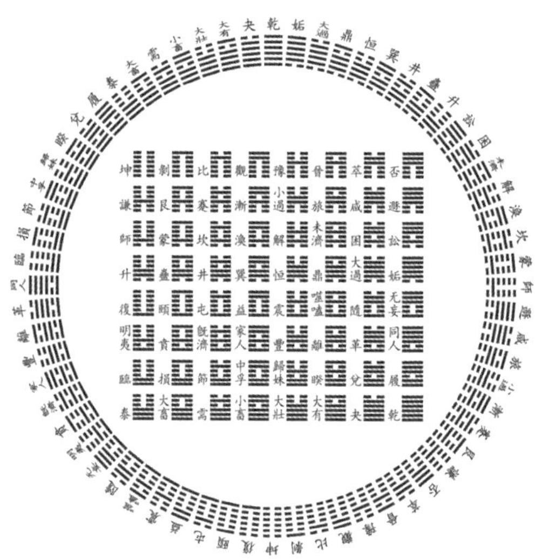

복희육십사괘지도伏羲六十四卦之圖

《춘추春秋》

간결한 문장에 역사의 큰 뜻을 담다

'춘추'는 '춘하추동春夏秋冬'의 준말이다. 역사를 날짜순으로 기술하므로 이 명칭이 생겼다. 《춘추》는 공자가 지은 역사책인데, B.C. 5~B.C. 2세기에 만들어졌다. 춘추시대 노魯나라의 연대기로 노나라 사관이 기록한 것을 공자가 정리하였다. 노나라 은공隱公 원년(B.C. 722)에서 애공哀公 14년(B.C. 481)까지의 역사를 기술했다. 중국 역사 구분에서 '춘추시대(B.C. 722~B.C. 403)'라는 명칭이 여기에서 유래되었다.

《춘추》의 본문〔경문經文〕은 매우 간결하다. 오늘날의 신문 제목과 같다. 그러나 유가의 후학들은 이러한 간결한 표현 속에 공자의 '역사철학'이 들어 있다고 생각했다. 즉 공자가 지나간 역사에 대해 짧은 언어로 평가를 내렸지만, 그 속에는 공자의 큰 뜻, 즉 역사관이 들어 있다는 것이다. 이것을 '미언대의微言大義'라 하고, 그것이 일정한 방식으로 이루어지는데, 그런 표현법을 '춘추필법春秋筆法'이라고 한다.

그러므로 《춘추》 연구에는 이 미언대의를 어떻게 해석해내느냐 하는 것이 중요한 과제였고, 마침내 한나라에 와서는 3가지 주석서가 나왔다. 《춘추좌씨전春秋左氏傳》, 《춘추공양전春秋公羊傳》, 《춘추곡량전春秋穀梁傳》이 그것인데, 《좌씨전左氏傳》은 역사적 사건의 배경에 대한 설명이 자세하고, 분량도 제일 많다. 이 책이 있음으로써 《춘추》를 쉽게 읽을 수 있게 되었으므로, 아예 《춘추》를 《춘추좌씨전》이라고 경문과 주석을 합해서 부른다. 이 책은 노나라의 좌구명이 지었다. 《춘추공양전》은 전국시대 제나라 공양고公羊高가 지었고, 《춘추곡량전》은 춘추시대 노나라 곡량적穀梁赤이 지었다. 이 두 책은 '춘추필법'을 중시하였는데, 특히 《공양전》은 《춘추》의 끝 부분 문구 '획린獲麟(기린을 잡았다)'이라는 표현을 통해, 《춘추》를 공자가 미래의 혁명을 구상한 책이라고 해석했다. 청나라 말기의 공양학자 강유위康有爲는 이 책에서 힌트를 얻어 중국혁명(변법자강운동變法自强運動)의 이론적 근거로 삼았다.

《춘추좌씨전》은 '오경'의 하나로 공자의 '미언대의'가 들어 있다고 하여 중요시하고, 그 이유로 유교의 경전에 들어가 있는데, 사상서라기보다는 역사서에 가깝다. 열국의 흥망성쇠와 패권의 향방을 비롯한 역사적 사실들뿐만 아니라 춘추시대를 알 수 있는 사회제도와 문화 전 분야에 걸쳐 자료를 많이 싣고 있다. 그리하여 예로부터 역사는 물론이지만, 정치 외교에 관심 있는 학자들이 사례연구로 많이 참고했다.

한나라 때의 동중서董仲舒 역시 《공양전》을 연구하여 《춘추번로春秋繁露》를 지어 '천하통일'과 '장삼세張三世(거란據亂 – 승평升平 – 태평太平)'라는 인간 사회 진화설을 더 부연하고, 나아가 유가사상이 통치에 적합하다고 황제에게 건의한 바 있다. 이때부터 유가사상(유교)은 중국 왕조의 통치이념이 되었다.

'오경五經'이 일반 독자들로서는 다 읽기 어렵다고 했는데, 공자가 지었다는 《춘추》 역시 마찬가지이다. 중국 고대 역사에 대한 지식이 있어야 읽을 수 있기 때문이기도 하지만, 그 문장이 무슨 '암호'처럼 되어 있어 더욱 읽기 어렵다. 예를 들면, "은공隱公 원년 여름 5월, 정백鄭伯이 언鄢 땅에서 단段과 싸워 이겼다〔克〕.", 또는 "애공哀公 14년 봄, 서쪽 땅으로 사냥을 나가 기린〔麟〕을 잡았다." 라는 식이다. 여기에 좌구명左丘明의 《좌씨전》이 있어서 이런 표현에 대해 해석을 할 수 있게 되었다.(해석이 길므로 생략한다.)

암호와 같은 경문經文의 짧은 문장 속에, 또 그 표현 방식에 의해 공자의 '큰 뜻', 즉 사상(역사철학)을 알 수 있다는 것이다. 비유하면 오늘날 신문기사가 제목을 어떻게 잡느냐에 따라 신문사 이념과 해당 사건을 보는 관점이 나타나는 것과 같다. 이것이 '미언대의微言大義'와 '춘추필법春秋筆法'인데, 학자들의 열띤 토론의 주제가 되었다.

서양의 경우 B.C. 12~B.C. 9세기가 호메로스(Homeros)의 서사시 시대였고, B.C. 5세기에 이르러 헤로도토스(Herodotos)의 역사가 출현했다. 중국 역시 《시경詩經》에 고대 주나라의 사적(역사)이 보존되어 있고, 춘추시대에 이르러 주 왕조가 쇠약해지자 각 제후들이 역사를 기록하기 시작했는데, 노나라에서도 역사서가 출현하게 되었다. 이러한 역사서 중 남아 있는 것은 《춘추》밖에 없는데, 공자 개인이 편찬한 역사서인 셈이다. 여기에 좌구명이 B.C. 350년경에 주석을 단 것이 《춘추좌씨전》이다.

《춘추》가 미친 영향은 크다. 우선 그 당시 크고 작은 전쟁에 대한 기록이 생생하다는 점이다. 이와 연관되는 조빙朝聘과 회맹會盟

같은 국제외교, 씨족과 민족, 천문지리 이야기가 많이 나온다. 오늘날도 국제외교가 중요하고, 전쟁을 대비하여 무기를 구입하는 것과 같다. 둘째, 사건을 바른대로 기록했다는 것이다. 비록 표현상 둘러 표현하는 방법을 써도 그것이 거짓을 감추기 위한 것이 아니어서 논리가 정연하다는 것이다. 셋째, 권선징악勸善懲惡을 모토로 하였다는 점이다.

《사기》의 저자 사마천은 "《춘추》가 인간사회의 근본원칙을 밝히고, 시비선악是非善惡을 판단하여 왕도王道를 선양宣揚하였으므로 관료들의 법전이요, 윤리와 예의의 모범이어서 군신·부자가 몰라서는 안 된다."라고 하였다. 어떤 중국학자는 《춘추》가 중국인이 도덕정신을 확립하는 데 역사적 근거를 제공하여 서구인의 '신 앞의 개인본위'가 아니라 '공동체 속의 개인의 의무 이행'을 강조하였다고 하였다. 《춘추》에 나오는 3가지 불후不朽의 명예 즉, 입덕立德·입공立功·입언立言도 공동체에 대한 책임이라는 도덕의식의 발로라고 해석하였다.

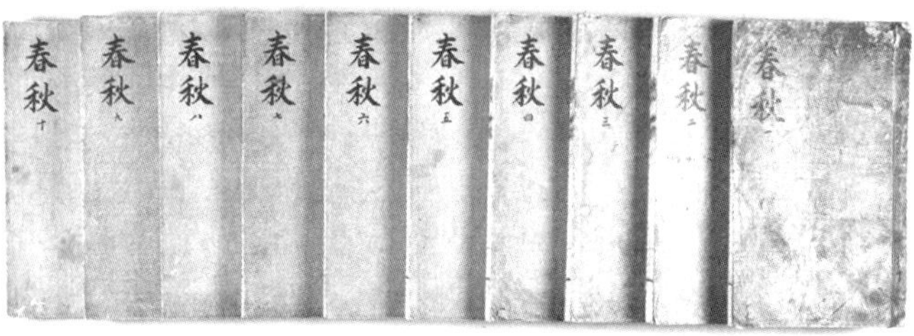

《춘추春秋》

《소학小學》

유교儒教 입문을 위한 기초 학습서

주자朱子가 '사서집주'를 저술하여 오늘날까지 유교문화를 이해하기 위해 많이 읽고 있다. 그의 저술도 상당한 분량인데 조선조 선비들의 필독서요 신성한 바이블로서 군림해왔다. 그러나 그의 책은 여기에 그치지 않는다. 또 어떤 책이 있을까? 《소학小學》과 《주자가례朱子家禮》를 들지 않을 수 없다. 이 책의 내용이 우리나라와 오랫동안 깊이 관련하여 한국 전통문화와 생활관습으로 아직도 남아 있기 때문이다.

《소학》은 글자 그대로 '초보적인 학습'이란 의미를 나타내고 있다. 그 반대 용어는 《대학大學》이란 책명이 나타내는 바와 같이 '고급 단계 학업'이란 뜻이다. 초보적인 단계는 인간의 성장 단계에서 말하는 유아·유치 과정과 초등학교 과정에 해당한다. 조금 늘이면 오늘날의 중학교 1, 2학년 과정까지라 말할 수 있다. 다만 《소학》은 주자가 직접 지은 것은 아니고, 제자 유자징劉子澄으로 하여금 편찬하도록 했다. 그러나 주자의 교육 지침에 의하여 편찬된 것이어서 그의 사상의 핵심이 담겨 있다. 총 6권 1책으로 1187년 완성되었다.

이때는 지금도 그렇지만 기초 학습과 아울러 인성 계발과 예절 익히기가 주 내용이다. 교재 내용은 규칙적 생활, 자기 할 일은 자기가 하고, 선인先人의 좋은 말씀과 행위 모범을 본받고 실천하기 등을 담고 있다. 다만 오늘날 어린이 학습서와 조금 다른 점은 《소학》이 부모 공경과 오륜五倫을 중시하고 있다는 점이다. 그러나 오늘날 인성과 예절 교육면에서 참고할 점이 많다. 원전의 제목을 보면, 입교立敎, 명륜明倫, 경신敬身, 계고稽古, 가언嘉言, 선행善行으로 되어 있다.

입교는 교육의 필요성을 말한 것이고, 명륜은 '오륜', 즉 군신君臣, 부자父子, 부부夫婦, 장유長幼, 붕우朋友라는 인간관계의 윤리를 논하고, '경신'은 자기 몸을 잘 닦는 것을 말한 것이다. '계고'는 옛 성현의 사례를 들어 앞의 3가지 내용을 설명한 것이고, '가언'과 '선행'은 옛 성현의 교훈과 행실을 말한 것이다. 특히 경신에 있어서는 마음가짐, 몸가짐, 의복의 예절, 음식의 예절을 논하였는데, 오늘날도 인성 교육에 참고가 된다. 예절과 에티켓은 인격 함양과 남을 위한 배려, 좋은 인간관계 맺기 등에 필요한 것이기 때문이다.

이 책은 조선 초기부터 공교육에서 가르쳤을 뿐만 아니라 많은 성리학자들도 성리학의 일상생활화 차원에서 중시하고 또 몸소 실천했다. 한훤당寒暄堂 김굉필金宏弼(1454~1504) 같은 이는 자신을 '소학동자小學童子'라고 칭하면서 이 책을 성리학 서적 못지않게 중요시하였다. 일반 백성에게 보급하기 위해 언해본諺解本도 발간하는 등 조선조 유교 교육에 큰 영향을 미쳤다.

《효경孝經》

종법宗法사회의 이데올로기

《효경》이란 책도 지은이와 출현 시기를 잘 알 수 없는 책이다. 대체로 학자들의 합의에 의하면 공자의 70제자의 저작으로 추정된다. 출현 시기는 현재 확실히 알 수 없으나 대체로 B.C. 3세기 경으로 보고 있다.

주자는 《효경》의 문장이 이치에 맞지 않고, 또 편차도 정리되어 있지 않다고 비판하면서 《효경간오孝經刊誤》를 지었다. 중국의 청말 근세 학자 양계초梁啓超도 탐탁하게 여기지 않으면서 읽지 않아도 된다고 하였다. 그러나 역대 통치자들에게는 매우 존중되었고, 한대에는 공자의 저술로 생각하여 《춘추春秋》의 위치에 올리기도 하였다.(한나라 때는 '오경五經'의 편찬과 더불어 공자가 신격화되는 경향이 있었다.) 한나라 때 왜 이처럼 《효경》을 존숭하게 된 것일까. 여기에는 동양의 정치체제와 '효孝'의 문제가 놓여 있다. '효'의 원래 의미는 노인을 공경한다는 의미가 있고, 이와 연관하여 가정에서 부모에게 효도하는 의미도 겸하게 된 것이다. 오늘날의 '효도'가 바로 그런 의미이다.

중국 고대 주周나라는 '종법宗法사회'였다. 혈연의 친소親疎에 의해 구성된 대가족제도였는데, 국가 경영에서 가정 질서에까지 일관된 사회윤리였다. 그 후 이 종법질서가 무너지고 천하가 혼란에 빠질 즈음 이 책이 나왔다. 특히 진시황의 법가사상에 의한 전체주의 통치 방식이 천하를 더 혼란하게 한 데 대한 반동으로 옛 질서를 회복시켜 보려는 생각에서 비롯한 것이다. 이미 천하 경영이 법가적 조직, 즉 중앙집권적 통치체제가 아니면 다스릴 수 없는 사회적 진보가 이루어졌지만, 기본은 절대왕정 체제였으므로 이 책의 효용에 대해 역대 왕조는 주목하게 되었다. 농업경제 구조에도 맞고, 효로부터 충忠으로 파급되는 효과가 있기 때문이다.

효로써 천하를 다스린다는 취지가 이 책에 나와 있을 뿐만 아니라 실제로 한나라 이후로 동양 전제왕조에서 충효 일체로써 사회질서를 유지해나갔다. 그러므로 《효경》 제1장에 "공자께서 이렇게 말씀하셨다. 효라는 것은 덕의 근본이다. 효는 부모를 섬기는 데서 시작하여 임금을 섬기는 것이 그 중간이며, 자기 몸(인격)을 세우는 것이 그 끝이다."라고 했다. 《효경》은 더 나아가 '인륜의 근본'을 넘어서서 '하늘의 법칙'이며, '땅의 영원한 질서'라고까지 했다.

1934년 국민당 정부는 공자를 숭앙하고, 이 책을 학교 필독 교재로 삼았다. 불교에서는 효의 영향으로 《부모은중경父母恩重經》을 짓기도 하고, 송나라 승려가 〈효론孝論〉을 짓기도 했다. 그러나 왕조 체제와 관계없이 보면, 효는 인간의 기본 심성, 즉 사랑과 공경이며, 오늘날은 '가족복지'와도 유관하고, 사회 기초인 가족을 떠받치는 기둥이다. 그러므로 서구 개인주의와 조화를 이루면서 이 보편 관념을 권장할 필요가 있다.

《공자가어孔子家語》

공자孔子의 일상을 엿보다

이 책은 공자의 언행과 제자들과의 문답을 정리한 것으로《논어》와 비슷하지만 서술이 조금 자세하고 공자의 일화와 교훈이 되는 말이 많아 재미가 있다. 이 책은 350년경(삼국시대 말기) 왕숙王肅이 공자 12세손 공안국孔安國의 이름을 빌려 위작僞作한 것이다. 10권 44편이다.《춘추좌씨전》,《국어》,《맹자》,《순자》 등의 여러 책에서 자료를 뽑아 만들었다.《한서》〈예문지〉에 이 이름의 책이 기록되어 있어(지금은 전하지 않는다) 왕숙이 이를 증보, 재편집했다는 설도 있다. 재미있는 이야기 몇 가지를 들어본다.

공자가 제나라에 갔을 때 길을 가는데 어디서 슬피 우는 소리가 들렸다. 달려 가보니 한 남자가 울고 있었다. 연유를 물으니, 그 남자가 말하기를 "3가지 실수를 저지르고도 모른 채 살다가 이제 깨달아 후회 막심하여 웁니다. 젊었을 때 공부한다고 돌아다니다 집에 와 보니 부모님이 돌아가신 뒤여서 후회스럽고, 제나라 군주를 섬겼는데 군주가 교만하여 절개를 지키지 못했습니다. 저는 평생 사람 사귀는 것을 좋아했는데, 지금 제 곁에는 아무도 없습니다.

나무가 조용히 있고자 하나 바람이 멈추지 않고, 자식이 부모를 모시고자 하나 부모가 기다려주지 않습니다. 세월은 가면 다시

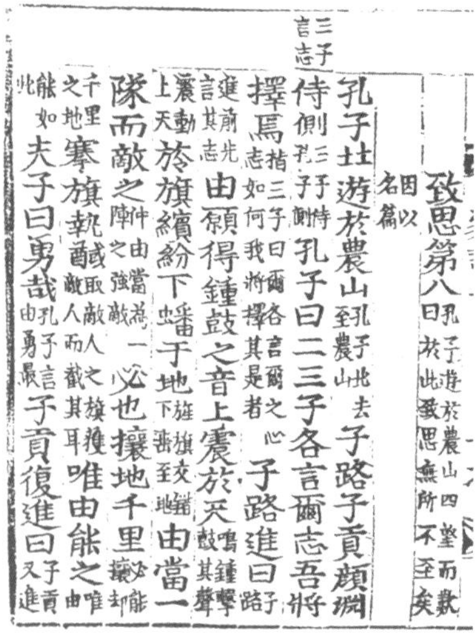

《공자가어孔子家語》

오지 않고 부모님은 돌아가면 다시는 뵐 수 없습니다."라고 하고는 물속으로 몸을 던졌다.

공자는 제자들에게 오늘 보고 들은 것을 잘 기억해두라고 일렀다. 그 후 공자에게 작별을 고하고 부모를 모시기 위하여 집으로 돌아간 제자가 열세 명이나 되었다.(〈치사편致思篇〉)

공자의 옛 친구 중에 원양原壤이란 자가 있었다.(《논어》에도 보인다.) 그 친구 어머니가 세상을 떠났다는 말을 들은 공자는 관棺을 부조하려고 했다. 그러나 자로子路가 "선생님이 자기만 못한 사람과는 사귀지 말라고 하지 않으셨습니까?"라 했다. 공자는 "무릇 사람이라면 사람이 죽었을 때 기어가서라도 도와주어야 한다."며 관을 보내고 문상하러 갔다. 가보니 원양이 관 위에서 이상한 노래를 부르고 있었다. 숨어서 듣고 있던 공자는 모른 척하고 돌아왔다. 자로가 "그자와 그래도 친구로 할 것입니까?" 하고 여쭈었다. 공자는 "어떤 사람이 되었든 피붙이는 피붙이이고, 친구는 친구일세."라고 하였다.(〈굴절해편屈節解篇〉)

|| 제자백가류諸子百家類

《묵자墨子》

전쟁을 멈추고 사랑을 속삭이다

묵적墨翟을 높여 '묵자'라고 한다. 묵적은 전국시대 초기의 사상가로 출생연대나 출생지를 정확히 알 수 없으나 B.C. 5세기 중반에 태어난 것으로 추측된다.

《묵자》라는 책은 B.C. 390년경에 만들어졌다. 묵자는 '겸애兼愛'와 '비공非攻'을 주장하여 당시 양주楊朱와 더불어 일세를 풍미했다. 맹자는 "천하에 묵가의 말(사상)과 양주의 말이 가득 찼다. 이를 물리치기 위하여 내가 공자를 배워 유가사상을 전파하려고 한다."고 기염을 토했다.

원래 '묵墨'은 '먹'이라는 뜻인데, 또한 '묵형墨刑'이라는 형벌이기도 하다. 묵형은 얼굴에 먹물로 죄인이라는 표시를 하는 것으로, 묵적이 이 형벌을 당해 사람들이 멸시해서 '묵'이라고 부른 것이 그만 그의 성이 되고 학파의 이름이 되었다.

그는 원래 노나라에서 태어나 처음 유가를 배웠으나, 점차 유가의 가족주의, 예악주의, 문화주의 등에 실증을 느끼고 새로운 길을 모색했다고 한다. 이것은 유가의 귀족주의에 대한 반동으로서 하층민에 대한 연민, 강대국의 침략을 일방적으로 당하는 약소국에 대한 동정이 기반이 되었다.

이러한 그의 사상에 공감하는 많은 하층민이 그를 지지하고,

약소국을 위한 방어전쟁에 기꺼이 나서게 되자 당시 행동 집단으로서도 큰 세력을 형성했다. 이러한 그의 사상을 잘 말해주는 것이 '겸애'와 '비공'이다.

겸애는 직역하면 '겸하여 사랑한다.'는 뜻인데, 유가의 가족애를 비판하는 뜻이 들어 있다. 그는 유가의 혈연에 치우친 사랑을 '별애別愛'라고 하였는데, 말하자면 차별적 사랑이라는 뜻이다. 오늘날 기독교의 '박애博愛'라는 보편적 사랑을 겸애와 비교하면 쉽게 이해된다. 이는 가족애라는 자연적인 사랑에 대해 사랑의 '초월'을 말하는 것인데, 유가 입장에서 '널리 모든 사람을 사랑하되 어진 이를 더욱 공경하라.〔汎愛衆而親仁〕'는 가르침이 없는 것은 아니지만, 역시 중국 전통의 농업사회에서는 가족애가 우선시될 수밖에 없었다. 유가가 농업경제와 관련 있다면, 묵자의 겸애는 난세의 방어전쟁에 동원된 하층민의 단체생활 조직과 관련이 있다. 비공은 '전쟁(침략 전쟁)의 부정'이라는 뜻이다. 약소국에 대한 동정은 바로 겸애의 실천이라 할 수 있다.

그가 유가사상을 비판한 내용에 〈절용節用〉, 〈절장節葬〉, 〈비악非樂〉 등도 있는데, 제목만 보아도 그가 말하고자 하는 바가 무엇인지 짐작된다. '절용'은 '아껴 쓰는 것'이니 유가의 문화주의에 대한 비판이고, '절장'은 '장례를 간소하게 하자'는 뜻이니 역시 유가의 번다한 상례喪禮와 비용 낭비를 비판한 것이고, '비악'은 음악의 낭비성을 비판한 것이니, 모두 유가를 겨냥한 것이다.

"천하에 묵가사상과 양주사상이 가득 찼다."는 맹자의 말은 두 사상이 당시 유가사상의 안티테제(반대 사상)로서 큰 세력을 형성하고 있었다는 의미이다. 묵자가 겸애를 말했다면 양주는 '위아주의爲我主義', 곧 오늘날 의미의 '개인주의'를 주장했다.

유가의 현실주의와 문명의식은 무엇인가 열심히 하려고 하는 입장인데, 이 점은 묵자 사상도 마찬가지이다. 반면에 도가사상道家思想은 인위적 행위, 문명에 감춰진 허위의식을 비판하고 자연을 배우자는 입장이다. 묵가의 전쟁 부정, 양주의 위아주의 사상은 도가의 이 자연주의 입장과 통한다. 이는 마치 인류역사에서(특히 19세기 이후) 전쟁과 평화를 모순되게 주장하는 것과 흡사하다. 세상 만물 만사에는 음-양, 즉 두 면이 함께 있다. 묵가사상의 좌표를 이렇게 말할 수 있다.

그런데 묵가사상에는 또 다른 특색이 있다. 유가의 '별애'(혈연적 사랑)는 실천하기 쉽지만, 사랑의 초월인 '겸애'는 노력이 필요하다. 묵가의 겸애를 천하가 다 실천하면 평화가 올 것이다. 그러나 현실은 문명의 이름으로 전쟁이 그치지 않는다. 만일 겸애를 실천하지 않으면 묵자는 우리를 어떻게 할까.

묵자는 '하늘'이 감시하고 있다고 한다.(〈천지편天志篇〉) 유신론적 발상과 유사하다. 유가는 무신론이고, 믿는다면 자연의 섭리를 믿는다고 할 수 있다.(이 때문에 《주역》이 유가경전에 종속되어 있는 것이다.) 묵자가 볼 때 이는 '숙명론'에 빠진 잘못된 믿음이라고 한다. '하늘의 뜻'(천지)을 믿을 때 인간다운 행위를 할 수 있다는 것이다. 그러므로 그는 유가는 틀렸다고 한다.(〈비유편非儒篇〉). 공자의 "하늘만이 나를 안다.", "하늘이 나를 버리시다니!", "하늘이 나에게 덕德을 주셨다."라는 말은 다 나약한 운명론이라는 것이다.

묵가집단은 일종의 '종교결사적' 성격을 가지고 있었다.

전국시대가 지나고 평화가 찾아왔다. 방어전쟁도 줄어들어 묵가집단의 경영도 어려워졌다. 반면 세상이 안정되니, 예법절차에 밝은 유가의 문화주의는 찾는 사람이 많아졌다. 동시에 농업생산성의 중요성은 박애보다는 혈족집단의 단결과 향촌마을의 협동 작업의 필요성을 증대시키고, 그 효율성도 높아졌다. 이런 상황에서 묵가집단의 세력은 점점 약해지고 그의 사상과 책도 잊혀져갔다. 중국 근대에 서양 선교사들이 들어와 묵가의 가치를 재발굴해 내었다. 서양에 유학한 지식인도 한몫 거들었다.

《묵자墨子》

유가의 별애와 묵가의 겸애, 이제는 어느 하나를 선택하기보다 변증법적으로 동시 긍정하는 태도가 필요하다. 마치 전쟁과 평화처럼.

《순자荀子》

성악설性惡說을 주장한 유학자儒學者

순자의 이름은 황況인데, 중국 고대 전국시대戰國時代 B.C. 4세기말에서 3세기 초에 걸쳐 살았던 사람이다.(맹자보다 약 70년 뒤) 조趙나라에서 태어나 제齊나라에 유학하여 발군의 실력을 나타내었으며, 그 후 초楚나라에 가서 난릉현蘭陵縣의 장관이 되어 행정을 보기도 했다. 그는 사상가일 뿐만 아니라 탁월한 행정가이기도 하여 그의 저술 속에는 이런 경험에서 우러나온 매우 현실적인 정책이 많이 담겨 있다.

중국고전은 대부분 앞부분은 자기가 쓰고 뒷부분은 제자나 후세 사람이 부연한 경우가 많은데, 《순자》라는 책은 순자가 직접 쓴 것이다. 그러므로 32편 모두 매우 일관된 논조를 유지하고 있다. 그 내용은 교육과 수양, 정치, 문학, 음악, 군사, 경제, 철학(인식론과 윤리학) 등 여러 영역에 걸쳐 있어 다른 제자백가에 비해 그 누구도 따를 수 없는 면모를 보이고 있다.

당시 제나라는 강국이어서 국비를 들여 수도 '임치臨淄' 서문 밖의 '직산稷山' 아래 연구소를 지어 천하의 학자들을 불러들여 자유롭게 학문을 탐구하게 하였는데, 그들을 '직하의 학學'이라 한다. 이때 순자가 그 원장을 3번이나 연임하면서 여러 학파의 학자들과 교류하였고, 그 결과로서 그는 종합적 경향의 폭넓은 사상을 형성하였다. 순자는 단순히 종합만 한 것이 아니라 자기의 철학을 가지고 여러 학파를 비판하기도 하였는데, 이 점에서 그는 유가사상의 발전을 이루었다고 할 수 있다.

반대로 유가와 다른 사상이라 하여 유가에 넣지 않으려는 학자도 있다. 공자에서 맹자로 이어지는 유가 사상이 천명天命의 내재로서 인간의 훌륭한 본성을 긍정하고 도덕적 노력에 의해 이것을 잘 발휘하는 것을 목적으로 삼았으나, 순자는 하늘과 인간을 구분하여 보아야 한다고 하여 유가 전통의 중요한 관점을 비판하고 나섰다. 자연의 운행은 그 자체의 법칙에 의해 움직이는 것이고, 인간은 주체적 노력에 의해 문명을 건설해야 한다는 것이 순자의 주장이다.

인간의 노력, 현세주의, 예법의 존중 등은 유가의 전통을 계승한 것이지만, 《맹자》에서나 《중용》에서 보듯이 인간 본성의 근거가 하늘에 있으므로 하늘을 공경의 대상으로 삼아 경외해야 하고, 인간과 하늘은 서로 감응하므로 인간의 타락이 하늘의 노여움을 사서 천재지변이 일어날 수도 있다는 생각을 불식시켰다. 이 점에서 유물론적唯物論的이며 종교적으로는 무신론無神論에 가깝다. 이는 유가사상에 '천명사상'과 '성선론'으로 조금 남아 있던 종교적 잔재를 완전히 버린 것이다.

그의 대표적 학설인 '성악설'과 더불어 이 점이 유가 전통에서 소외된(《사서집주》에 《맹자》가 들어갔음) 주요 이유인데, 순자에게는 그 나름의 이유가 있고, 그 점을 이해한다면 순자 사상의 가치와 비중을 가볍게 여길 수 없을 것이다. 그의 사상은 현대와 가장 접합되는 논리와 인식틀을 가지고 있다.

순자의 사상이 현대사회와 가장 접합된다는 것은 무슨 뜻인가? 그 글의 논리와 사유의 틀(패러다임)이 현대인이 이해하기 힘든 중세적 사유방식을 벗어나 있고, 그의 인간 노력을 중시하는 문화주의 사상이 현대에도 적용 가능성이 비교적 많다는 실용성, 다양성 때문이다.

그는 왜 유가 전통에서 벗어났는가? '직하의 학'의 대세는 '도가사상'이었다. 순자가 보기에 도가사상은 자연주의에 매몰되어 인간의 주체적 노력을 등한히 하는 것으로 보였다. 도가사상이 유가의 지나친 인간주의와 예법주의, 형식주의에 반발하여 자연의 원시 그대로를 이상으로 여기고 인간 또한 그 섭리에 따르고 인간 욕심을 버려야 한다고 주장했지만, 당시 도가사상은 지나치게 자연숭배 쪽으로 기울고 대세가 그렇게 흘러가는 데 대하여 순자는 크게 염려하였다. 이 점에서 순자는 유가 사상의 입장을 고수한 것이다.

전국시대 말기 법가法家가 등장하여 진秦나라가 무력으로 천하를 통일하였지만, 그 바탕에는 도가사상이 면면히 인기를 끌고 있었다.(그것이 한나라 초기의 '황노사상黃老思想'으로까지 나아갔다.) 순자가 '성악설'을 주장했지만, 그 명제 그대로 순자를 이해해서는 안 된다. 순자 역시 노력에 의해 인간이 착하게 될 '가능성'은 인정했다. 인간은 후천적으로 '교육'을 통해서 타고난 나쁜 기질을 교정하지 않으면 안 된다는 것을 강조하기 위해 한 말이다. 반대로 생각해 맹자의 '성선설'대로 하면 우리가 가만히 있어도 다 착한 사람이 되겠는가? 동양의 윤리적 명제는 우리로 하여금 선善을 권유하는 종교적 잠언으로 보아야 한다.

순자의 글 중에 〈성악편性惡篇〉과 〈권학편勸學篇〉이 있는데, 이것이 후천적 교육(학습)을 강조한 논문이다. "인간의 본성은 악하다. 선하게 되는 것은 노력 때문이다."(〈성악편〉), "쑥도 삼밭에서 자라면 곧게 자란다."(〈권학편〉), "푸른색은 쪽에서 뽑아내지만, 쪽보다 더 푸르다."(〈권학편〉), "성인도 배워서 이루었다."(〈성악편〉) 또 그의 글 중에 〈천론편天論篇〉이 있는데, '천인구분'의 관점이 잘 나타나 있다. "하늘의 운행 법칙에는 변함이 없다.", "군자는 스스로를 믿고 하늘에 기대지 않는다.", "사람에 의한 재앙(인재人災)보다 무서운 것은 없다.", "천명에 대비하면서 잘 이용해야 한다."

인간의 노력을 강조하는 순자에게 유가의 예禮는 매우 중요시된다. 여기에 강제력이 따르면 법이 된다. 그러므로 순자의 제자 한비韓非는 법가 사상을 체계화했고(오늘날 법치와 달리 왕권에 의한 전체주의 사상이다), 이사李斯는 진나라의 재상이 되어 천하통일의 위업을 달성했다.

맹자의 글이 종교적이라면 순자의 글은 매우 정치사회적이다. 또 합리적이고 논리적이다. 순자는 현대적 유가라 해도 된다. 우리나라에서 맹자보다 순자를 더 많이 읽어야 하는 이유이다.

명가名家의 논리와 궤변

이름이 없으면 실체도 없다

이번에는 어떤 고전을 소개하려는 것이 아니고, 하나의 학파를 소개하고자 한다. 이 명가名家라는 학파가 주장한 내용은 《공손룡자公孫龍子》, 《장자莊子》, 《묵자墨子》 등에 산견되는데, 일반 독자들이 그것을 일부러 찾아 읽을 필요는 없다.

이 학파의 주장이 중국 한자漢字의 특성, 그에 말미암는 사고방식의 일면을 잘 보여주고 있다. 지성사에서 언어의 논리와 추상적 사고의 추구는 동서양 공통 양상이다. 아쉽게도 이 명가의 논리는 제대로 된 이론으로 정립되지 못하고 궤변으로 떨어져버렸다. 이러한 점이 한자와 밀접한 관계가 있으므로 한자로 쓰여진 중국고전에 관한 이야기를 하면서 하나의 지식으로서 알아둘 필요가 있다.

여기서 '명名'이라고 하는 것은 요즘 말로 하면 '이름' 내지 '개념'을 말하는데, 명가는 이 '이름'과 '실實', 즉 사실이나 개념이 실질 내용과 일치하는지 여부를 문제로 삼았기 때문에 생겨난 명칭이다. '일치 여부'는 오늘날 말하는 '논리'의 성격을 가지고 있다. 그래서 어떤 책에서는 '논리학파'라고 쓰기도 하는데, 반드시 부합하는 것은 아니다. 중국 고대 자기 학파의 선전과 다른 학파와의 논쟁을 위해서 논리를 전개할 필요가 있었기 때문에 한자의 불편

함에도 불구하고 이러한 필요성을 느꼈던 것이다.

명가의 대표적 인물인 혜시惠施(B.C. 360~B.C. 310경)는 장자와 동시대인으로 장자의 친구였다. 그의 글은 없어지고, 일부 《장자》 〈천하〉편에 남아 있는데, 장자의 사물 인식의 방법, 즉 '상대주의'와 그 궤를 같이하고 있다. 그는 "하늘은 땅과 같이 낮고, 산은 못과 같이 평평하다.", 또는 "중천에 떠 있는 해는 동시에 저물고 있는 해이고, 살아 있는 만물은 동시에 죽어가는 만물이다.", 또 "오늘 월나라에 갔는데, 어제 도착하였다." 등으로 말한다. 이는 사물 인식의 상대성을 말하려는 표현이다.

명가名家를 대표하는 또 다른 인물인 공손룡公孫龍(B.C. 320~B.C. 250경)의 말은 《공손룡자》에 6편이 남아 있는데, 그의 학설은 오늘날로 말하면 '보편자普遍者', 또는 플라톤의 '이데아'의 세계를 말하고 있다. 그는 말하기를 "흰 말은 말이 아니다."라고 한다. 여기서 '희다.'는 색을 나타내는 개념이고, '말'은 형체를 나타내는 개념이므로 '흰 말'은 '흰 말'이지 '말'은 아니라는 것이다.

또 "만약 '단단하고 흰 돌'이 여기 있다고 하자." 공손룡은 이렇게 말하면 안 된다고 한다. '단단하다.'는 촉각으로 '희다.'는 시각으로 인지되는 개념이기 때문에 동시에 성립될 수 없다는 뜻이다. 현실적으로 단단하고 흰 돌이 있는데, 이를 이렇게 부정하는 것은 '단단하다', '희다'와 같은 보편자, 즉 이데아를 말하고자 함이다.

한문은 굴절어屈折語가 아니므로 보통명사와 추상명사를 구분할 수 없다. 문법도 한자의 위치에 의해서 결정되고 단어에는 고정된 품사가 없다. 사태를 즉물적卽物的으로 표시한다. 그러므로 공손룡이 추상세계를 말하려고 했으나, 한문으로는 완전하게 표현할 수 없었다.

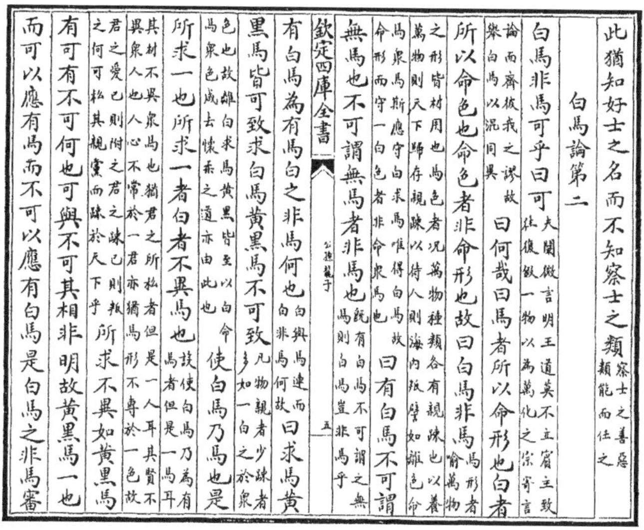
此猶知好士之名而不知察士之類察士之善惡類能而任之
白馬論第二
白馬非馬可乎曰可夫闡微言明王道莫不立賓主致往復假一物以爲萬化之宗寄言
論而齊彼我之謬故舉白馬以混同異曰何哉曰馬者所以命形也白者
所以命色也命色者非命形也故曰白馬非馬馬形者喻萬物
之形皆材用也馬色者况萬物種類各有親疎也以養萬物則天下歸存親疎以待人則海内叛矣譬如離色命
馬衆馬斯應守白求馬唯得白馬故命形而守一白色者非命衆馬也曰有白馬不可謂
無馬也不可謂無馬者非馬也既有白馬不可謂之無馬則白馬豈非馬乎
欽定四庫全書 公孫龍子 五
有白馬爲有馬白之非馬何也白與馬連而白非馬何故曰求馬黄
黒馬皆可致求白馬黄黒馬不可致凡物親者少疎者多如一白之於衆
色也故離白求馬黄黒皆至以白命馬衆色咸去懐柔之道亦由此也使白馬乃馬也是
所求一也所求一者白者不異馬也設使白馬乃爲有馬者但是一馬耳
其材不異衆馬也猶君之所私者但是一人耳其賢不異衆人也人心不常於一君亦猶馬形不專於一色故
君之愛己則附之君之疎己則叛之何可私其親黨而疎於天下乎所求不異如黄黒馬
有可有不可何也可與不可其相非明故黄黒馬一也
而可以應有馬而不可以應有白馬是白馬之非馬審

《공손룡자公孫龍子》

《한비자韓非子》

법法과 규율規律로 국가주의를 완성하다

한비자의 원 이름은 한비韓非(?~B.C. 233)이고, 높여 부르면 '한자韓子'이나, 당나라 문장가 한유韓愈도 '한자'라 칭하므로 혼동을 피하기 위해 '한비자'라고 부르게 되었다. 한비자는 춘추전국시대 한韓나라의 귀족이었는데, 이사李斯와 더불어 순자에게 배웠다. 《한비자》라는 책은 B.C. 230년경 만들어진 것으로, 한비자 자신이 대부분 쓰고 약간 편은 후세 사람이 끼워 넣은 것이다.

그는 약소국 한韓나라 왕에게 부국강병책을 건의하였으나 받아들여지지 않았고, 오히려 진秦나라의 진시황이 그의 글을 보고 호감을 가져 만나보고자 하였다. 그는 말을 더듬어 연설은 잘 못하였으나 글은 잘 지었다. 진시황이 그를 만나보기 위해 한나라를 치려고 하자 한나라는 그를 진나라로 보냈다. 진시황이 뜸을 들이는 사이 동문수학했던 간교한 이사의 모함으로 옥중에서 자살을 강요당하여 죽고 말았다.

한비자는 순자의 성악설과 노자의 무위無爲 사상에서 힌트를 얻고, 상앙商鞅(?~B.C. 338)의 법에 군주의 통치술인 술術과 군주의 권력과 지위를 뜻하는 세勢를 합하여 법가사상을 체계화하였다. 그의 문장은 반박의 형식을 취하면서 매우 논리적으로 전개된다. 또 이해를 돕기 위하여 각종 고사, 우화를 동원하기도 하였다.

진국시대 말기 약육강식이 공공연하게 이루어지고, 신하가 임금을 죽이는 하극상의 쿠데타도 비일비재한 상황에서 작고 약한 나라가 어떻게 생존할 것인가, 군주가 어떻게 권력을 유지할 것인가 하는 것이 당시 과제였다. 그러나 전통적으로 내려온 정치제도, 곧 봉건제도의 잔존은 국가의 존립과 군주의 생존을 어렵게 하여 특단의 조처가 요청된 상황이었다. 하나의 돌파구로 군현제라는 중앙집권적 통치체제의 필요성이 증대하고 있던 때 한비자는 이에 맞는 통치 방법을 창안해낸 것이다.

그는 더 이상 유가의 인의仁義의 정치, 덕에 의한 통치는 불가능하다고 생각했다. 한비자가 강조한 법치는 '법에 의한 통치'임이 분명하다. 오늘날 민주사회에서도 '법치'를 기본으로 하고 있는데, 근본 취지는 같은 것이다. 다만, 한비자의 법치에는 술術과 세勢가 첨가되어 있다는 것이 다를 뿐이다. 물론 세습적인 군주체제도 오늘날 국민의 참정권에 의한 법치와는 다르다. 그러나 한비자가 주장한 법치의 정신은 배울 만한 점이 있다. 즉 법은 성문화成文化되어야 하고, 널리 공지되어야 하며, 일관성이 있어야 된다는 것이다.

현대 민주사회는 3권 분립이니 법치가 더 발달된 셈이다. 그러나 오늘날 제때에 법을 잘 만들고 있는가? 공정하게 법이 집행되고 있는가? 특히 남남 갈등까지 겹쳐 법 해석이 정권 쟁취의 수단이 되고, 정경유착이 법을 흐리게 하고 있으니, 오늘날 한국의 법치도 위기임에 틀림없다.

앞에서 말한 바와 같이 한비자가 피력한 사상은 소위 '법가사상'인데, 이는 오늘날 법치사상과 유사하지만, 민주(시민사회)의 법치가 아니고, 제왕의 권력에 의한 법치이다. 그러므로 굳이 이름을 붙이자면 고대 '전제군주 사상' 내지 '독재사상'이라고 할 수 있다. 그러므로 이 책의 내용은 제왕을 위한 것이고, 부국강병을 위한 '국가주의' 사상이다.

동양의 절대왕정 역사에서 겉으로는 유가의 인의도덕을 내세웠지만, 속으로는 제왕의 통치술로서 이 한비자의 법가사상을 이용하였다. 여기에 근대적인 인권, 자유, 즉 인간의 존엄성과 도덕성은 끼어들 여지가 없었다. 국가통치라는 정치적 효율성을 목표로 하였기 때문이다.

한비자의 법에 의한 통치는 합리적인 측면이 있다. 그러나 이를 달성하는 방법에 유교의 덕치德治와 인정仁政, 인간의 착한 본성을 전혀 참작하지 않고 술術(신하 조종술)과 지도자(군주)의 지위와 권력을 더 중요하게 생각한 것이 결점이다. 이때 신하를 다루는 조종술의 요점은 업무분담을 분명히 해주고, 임무를 완성하면 상을, 그 반대면 벌을 주는 어찌 보면 아주 쉬운 방식이다.

한편 군주의 세를 유지하기 위해서는 권력은 오직 1인만 가지고, 신하가 군주의 마음을 알아차리지 못하도록 표정 관리를 철저히 하고(가급적 무표정) 언어도 조심해야 함을 말하고 있다. 오늘날 지도자가 참고할 만한 것이다. 그러나 여기에 조건이 있다. 옛 군주처럼 국가(또는 단체)를 사유화(영구 통치)할 때에만 가능하다.

법가의 이러한 통치술에는 인간을 이기적 유전자를 타고난 악한 존재로 보는 사고방식이 깔려 있다. 오늘날의 사회생물학적 시각과 유사하다. 하지만 인간은 이타적 유전자도 가지고 있다. 그러나 인간 사회의 사악한 측면, 인간의 한계와 간교함 자체를 부정할 수 없다면 이러한 사상에 대해 살피지 않을 수 없다.

이 책은 마키아벨리(1469~1527)의 《군주론》과 같은 성격의 책이다. 그는 로마제국 이후 15세기 분열되고 힘없는 이탈리아를 강한 나라로 만들기 위하여 《군주론》을 썼다. 그는 도덕을 부정한 것도 아니지만, 정치는 그 자체 논리가 있다는 생각이었다. 그러므로 국가를 위해서 경우에 따라서는 사악해질 수 있다는 근대적 사고방식을 제시한 바 있다. 한비자 역시 군주의 역할 중에는 도덕 이상의 목표와 통치술이 필요하다고 본 것이다.

한나라는 전국칠웅戰國七雄의 하나였지만 국토가 좁고 진·초 두 강대국의 압박으로 국가존망의 위기에 있었다. 한비자는 '법술法術'이야말로 부국강병의 첩경이라고 여긴 것이다.

법가사상은 법과 함께 세와 술을 다루고 있는 점이 문제이다. 지금 민주사회에서는 법이 국민을 위해 있다. 그런데 정치인이 편향된 이데올로기를 가지거나 '포퓰리즘'에 빠져 있다면 어떻게 될까? 그러므로 법치에는 덕치德治와 인정仁政이 바탕이 되지 않으면 안 된다.

《관자管子》

풍요豊饒가 예의禮義를 만들고, 예의가 사람을 만든다

동양고전에 조금 관심이 있는 독자라면 '관포지교管鮑之交'라는 말을 들어보았을 것이다. 관중管仲(이름 이오夷吾, 중仲은 자字)과 포숙아鮑叔牙(포숙鮑叔이라 하기도 함) 사이의 아름다운 우정을 말한다.

두 사람이 젊은 시절 장사를 했는데, 관중이 이윤을 더 많이 가져가도 포숙은 다투지 않았다. 관중이 가난한 것을 알고 있었기 때문이다. 함께 전장에 나가 관중이 도망갔으나 포숙은 비겁하다고 여기지 않았다. 늙은 노모가 있어 그랬다고 생각했다. 그 외 여러 일을 겪으면서도 관중의 잘못이나 실패를 너그럽게 이해했다.

당시 제齊나라 양공襄公이 포악하여 그 동생 규糺와 소백小白이 각각 노魯나라와 거莒나라로 피신하였는데, 규는 관중과 소홀召忽이 보좌하였고, 소백은 포숙이 보좌했다. 그 후 왕위를 둘러싼 내란을 겪고 난 다음 소백이 왕위에 올랐다. 그가 제 환공桓公이다. 환공은 포숙을 재상으로 임명하려 하였으나, 그는 친구 관중을 환공에게 추천하고, 환공 또한 관중이 자기를 죽이려 한 원수였지만 재상으로 임명하였다. 그 후 40년간 관중은 환공을 도와 부국강병을 이루어 제나라를 일등국가(패자霸者)로 만들었다.

공자의 제자 자공子貢이 스승께, 관중과 같이 갔던 소홀은 죽었는데, 관중은 재상까지 되었으니, 지조가 없는 사람 아니냐고 질문하였다. 이에 공자는 "관중은 환공을 도와 제후의 패자가 되게 했고, 백성들은 지금까지 그 혜택을 보고 있다. 만일 그가 없었다라면 우리는 오랑캐의 침입을 받았을 것이다. 보통 사람처럼 의리를 지킨다고 죽어서 이름도 없이 시궁창에 버려지는 것과 어찌 비교가 되겠느냐."라고 하였다. 그러나 한편 공자는 또 관중이 사치하고 예법을 모른다고 결점을 이야기하기도 했다. 이는 산동반도에 위치한 제나라가 바다를 끼고 있어 물산이 풍부하고, 백성이 부유해져 생활수준이 다른 나라보다 높았던 상황을 반증하는 것이기도 하다.

관중은 공자보다 150여 년 전에 태어난 사람으로 정치가로서 경세가로서 치적을 올려 공자·맹자 시대에까지 영향을 주었다. 그의 사상의 핵심은 "창고가 가득 차면 예절을 알고, 의식이 넉넉하면 영욕榮辱을 알게 된다."는 슬로건과 같이 물질적 풍요가 국가 경영에 중요하다는 것이다. 《관자》에는 관중의 저술 외에도 그의 뜻을 이은 여러 사람의 논술이 한나라 초까지 더해져서 오늘날 전해지는 《관자》라는 책이 이루어졌다. 76편 중 관중의 오리지널은 9편 정도이다.

공자 사후 180여 년 뒤, 맹자가 왕도의 핵심으로 백성의 경제를 강조했는데, 이 역시 관중의 경세 사상의 연장선상에 있다. 이 책을 통하여 공자 이전 정치사상의 일면을 알 수 있고, 또 공자의 시서예악詩書禮樂 위주의 인문학 교육과의 차이도 알 수 있다.

'음양오행설陰陽五行說' 이야기
우주의 구성과 순환 원리

음양오행설은 동아시아 유교문화권에서 학술은 물론 일반 민간 신앙에 이르기까지 널리 알려져 있다. 또 오늘날도 실제 활용되고 있는 어떤 사고방식이다. 그 역사가 매우 오래되어 유교문화권에서 자연과 인간사를 해석하는 일종의 세계관 역할을 해왔다.

중국 고대 제자백가 중에 '음양가陰陽家'라고 불리는 학파가 있었다. 그 시조는 전국시대 중기 사람 추연鄒衍(생몰연대 미상)이라고 한다. 그러나 음양설은 추연이 주창한 것만도 아니고, 음양가가 이 설을 독점한 것도 아니다. 당시 사상계에서 서서히 형성된 것으로 보인다. 전국시대 말기 이후 이 설과 조금 뒤에 나온 오행설은 합해져서 이후 중국 사상계에 깊이 뿌리를 내렸고, 오늘날 동아시아 유교문화권에서 세계관의 기초를 형성하게 된 것이다.

《장자》에 봄 들판에 피어오르는 아지랑이가 언급되고 있는데, 중국 고대인은 자연 속에서 무엇인가 움직이는 기체氣體를 만물의 기초로 보기 시작했다. 초보단계의 유물론적 사고라 할 수 있다. 그 기氣는 속성상 움직인다는 것을 알아냈고, 그 움직임은 두 종류의 에너지가 작용하기 때문이라고 생각했다. 고대인의 이러한 초보적인 유물론은 오늘날 우리들도 수긍할 수 있다.

두 기란 즉 음기陰氣와 양기陽氣이다. 이는 사물의 두 측면, 즉 밝음과 어두움, 남자와 여자, 나옴과 들어감, 별과 그늘, 들숨과 날숨 등으로 쉽게 체험이 되었다. 이 기의 움직임은 여러 가지 변화(농밀화濃密化와 희박화稀薄化)를 일으켜 우주와 만물을 구성한다고 소박하게 생각하였다. 이 음양설을 조직화(체계화)한 것이 《역경易經》이다.(보통 《주역周易》이라고 말한다.)

조직화했다는 것은 무엇을 말하는가? 음·양을 --·— 부호(효爻)로 나타내고, 그 부호 3개를 겹쳐서(기氣는 변화한다 했으므로) 하나의 상象(상징)을 만드니, 8괘卦가 된다. 그것을 다시 겹쳐(8의 제곱) 64개의 괘를 만들어내었다.

음양설만으로는 자연을 해석하는 데 너무 간단하므로 오행설과 함께 유행하였다. 오행이란 수화목금토水火木金土 다섯 가지 요소를 말하는데, 그 움직임은 '상생상극相生相剋'(서로 밀어내거나 보완관계)의 형식으로 움직인다. 또 오행을 상징화하여 만물과 유비類比하기도 한다. 방위를 예로 들면 동방은 목, 남방은 화, 서방은 금, 북방은 수, 중앙은 토가 된다.(그 외 계절, 오장육부五臟六腑, 색채, 도덕 등에도 적용한다.) 음양과 오행을 만물과 유비하여 상생상극의 움직임을 대입하면 우주 만물의 모든 변화 양상을 추리할 수 있다고 보는 일종의 자연 해석 체계이다. 오늘날도 풍수설을 비롯, 사주추명학四柱推命學, 운세 추리, 관상학 등 각종 전통 술수에 모두 응용되고 있다.

《노자老子》

하지 않음으로써 모든 것을 행한다

중국문화의 두 패턴은 도가道家와 유가儒家이다. 유가가 이 세상을 구제하려고 열심히 노력하는 학파라면, 도가는 '인위人爲'를 버리고 '자연의 도'를 이상으로 삼는다. 유가의 시조가 공자라면 도가의 시조는 노자이다.

노자老子

노자의 사고방식은 자연을 따를 뿐만 아니라 유가의 현실주의적인 사고방식을 뒤집어보는 일종의 변증법적인 성격을 가지고 있다. 우리가 늘 상식화된 현실을 보고 그에 적응하다 보면 그 반대면이 있다는 것을 잊어버리게 된다. 여기에서 현실주의의 '하면 된다.'는 끊임없는 욕망의 인위를 한번 뒤집어보는 관점의 전환이 필요하다. 노자의 철학적 가르침이다.

노자는 노담老聃의 존칭이고 《노자》라는 책은 그가 쓴 책 이름인데, 《도덕경道德經》 혹은 《노자도덕경》이라 흔히 부르기도 한다. 일설에는 그의 성은 이李, 이름은 이耳, 자는 담聃이라고도 하는데,

실존인물인지, 또 그가 이 《도덕경》을 썼는지 불확실하다. 이 책은 B.C. 510년경 전국시대에 성립되었는데, 주로 도가에 속하는 사람들이 쓴 것을 모아 편집한 것이다. 오늘날 우리가 보는 《노자》는 후한後漢시대 주석본과 위魏나라 왕필王弼의 주석본이다. 1973년 마왕퇴馬王堆 무덤에서 발견된 2종류의 책은 전한 초기나 그 이전 것으로 추정되는 매우 오래된 자료이나 내용에는 별 차이가 없다.

노자 사상의 첫째 특징은 '자연주의自然主義'이다. 이 사상에서 나온 것이 '반문명론'이다. 그러므로 인간 문명론을 대표하는 유가의 사상에 대해 비판을 아끼지 않는다. 유가에 대해 노자는 말하기를, "큰 도가 없어져서 유가가 인의仁義를 말하고, 위대한 것을 들먹이니 큰 거짓이 나타나고, 가족이 화목하지 못하니 효자가 나오고, 국가가 혼란하니 충신이 나온다."라고 시니컬하게 비판하였다. 노자가 생각한 이상사회는 당시까지 남아 있던 중국 태고의 농촌 모습이었다. 자연을 위대하게 보고 그 자연을 이상화한 것인데, 다른 문명권에서도 공통적으로 나타나는 고대인의 자연관이다. 이 자연주의는 세속의 허위를 고발하는 장점이 있지만, 지나치면 문명부정이 된다.

노자 사상의 두 번째 특징은 '유무有無 변증법辨證法'이다. 이 세상에 무無, 즉 텅 빈 공간이 없다면 유有, 즉 온갖 사물이 들어갈 수가 없다. 텅 빈 교실을 보고 비었다고 불평하지만, 그 공간이 없으면 책상도 학생도 들어갈 수가 없다. 그러니 유무는 같이 있다. 동양화에서 여백餘白의 미美라는 것이 있다. 이것이 노자의 사상을 잘 나타내고 있다. 이것과 연관하여 노자는 뭘 자꾸 하려는 것이 반드시 좋은 것이 아니라고 한다. 공부의 경우를 예로 들면, 많이 읽고 외우고 지식을 넓히기만 하면 되는 것이 아니고, 빈둥빈둥 아무 생각 없이 놀아야 창조가 가능하다는 것이다.

노자 사상의 세 번째 특징은 '부드러운 것이 강한 것을 이긴다.'는 주장이다. 부드러운 것, 유약한 것의 대표적 상징은 물과 여성, 그리고 어린아이가 있다. 물은 낮은 골짜기를 흘러가지만 남과 다투지 않고 오히려 바위를 쓸면서 낮은 곳으로 흘러간다. 우리가 동굴 구경을 할 때 천장에 달린 형형색색의 종유석을 보게 되는데, 이것이 모두 물의 힘으로 형성된 것이란 말을 듣고 놀란다.(물론 물속의 여러 화학적 성분 때문이지만)

그 다음 노자는 여성의 부드러움을 예로 들고 있다. 여성의 덕(본질적 특성)이 남성의 강인함과 다르면서 상호 보완적임은 우리가 늘 경험하는 바이고, 여성이 어머니가 되어 자녀를 낳아 기르는 것을 보면 어머니의 위대함, 즉 부드러움이 얼마나 큰 역할을 하는지 수긍이 된다. 옛 신화 속에서 또 여러 종교에서 여신女神을 등장시키는 것도 같은 맥락이라 볼 수 있다. 인간의 남녀, 동물의 자웅雌雄의 역할은 생물학적으로 호르몬의 작용이지만, 고대부터 여성의 부드러움의 공효를 신비롭게 생각한 것이다.

어린아이, 특히 젖먹이같이 어린 것은 천진난만하고, 순수하다. 그런 점에서 '자연'에 가깝다고 노자는 생각했다. 맹자도 "성인은 어린아이와 같은 마음을 잃지 않는다."라고 한 바 있다.

노자 사상의 네 번째 특징은 이 우주(자연)에는 도道가 있다는 생각이다. 이것이 만물을 생성 변화시키는 어떤 힘, 즉 덕德을 발휘하여 우리가 보는 자연으로 나타나 있다는 것이다. 중국은 일찍이 농경사회에 접어들었으므로 농경과 깊은 관련이 있는 '자연'에 대한 신뢰가 자연히 형성되었다.

자연의 섭리는 천도天道라고 표현하기도 하였는데, 노자는 "하늘의 법망法網은 넓어 성긴 것 같지만, 결코 하나라도 놓치는 법이 없다."라고 하여 하늘을 인격신으로 보지 않고 이성적으로 자연의 힘으로 이해했다. 이 도道는 억지로 하려는 데서는 나타나지 않고 자연스러운 데서 나타난다고 보았다. 그래서 노자는 "무위이무불위無爲而無不爲"라고 했다. '하지 않는데, 하지 않음이 없다'는 뜻이다. 인위人爲(작위作爲)를 하지 않고 자연의 순리에 따르는 데서 일이 더 잘 된다는 것이다.

이런 생각에서 노자는 정치도 자연스럽게 해야 한다고 주장한다. "백성들에게 지식 추구를 너무 강조하지 마라. 꾀만 늘어난다. 배부르게 해주는 것이 첫째이다."라고 마치 우민정책 같은 말도 했다. 그러나 참뜻은 인간이 만든 조직사회가 인간의 자연스러운 본성을 해친다는 뜻이다. 노자는 도와 무, 자연을 통하여 '반대로 생각해보기'라는 삶의 지혜를 가르쳐주고 있다.

《장자莊子》

도道 앞에서는 만물이 평등하다

장자(이름은 주周)는 중국 고대 전국시대 사람인데, 살았던 연대나 이력에 대해 자세히 알려진 것이 없다. 대략 B.C. 4세기 후반에 살았다고 추측된다. 《장자》라는 책은 B.C. 290년경에 만들어졌다. 총 33편인데, 〈내편內篇〉, 〈외편外篇〉, 〈잡편雜篇〉으로 이루어져 있다. 내편은 장자가 직접 쓴 것이고, 그 밖의 2편은 장자학파의 사람들이 장자를 가탁하여 썼다고 본다.

장자는 만물을 지배하는 원리를 '도'라고 보고 이 도의 관점에서 보면 만물이 차별이 없다는 것, 그러므로 이 도와 우리가 일체화되어 만물을 있는 그대로 받아들이는 것이 중요하다고 말한다. 이 점에서 노자와 통하는 점이 많으므로 '노장(사상)'이라 하여 함께 붙여 읽는다. 그의 설법은 많은 우화寓話를 동원하여 우리에게 인생의 지혜를 일깨우고 있다.

《사기》라는 역사서에 보면, 장자를 재상으로 삼으려는 초楚나라 위왕威王의 요청에 대해 진흙탕에 뒹굴어도 자유롭게 살고 싶다는 말로 거절했다는 이야기가 소개되어 있다. 이는 그의 삶에 대한 태도를 잘 나타내는 이야기로 그가 추구한 것은 '자유롭게 사는 것'이었다.

《장자》 책 첫머리 〈소요유逍遙遊〉를 보면, '대붕大鵬'이라는 큰 새가 남쪽 바다로 날아간다는 이야기가 실려 있다. 매미와 참새가 대붕을 보고 "우리는 이 나뭇가지에서 저 나뭇가지를 뛰려고 해도 잘못하면 떨어지는데, 대붕은 무엇 때문에 9만 리 먼 하늘까지 올라 남쪽까지 날아가려고 하는지!"라고 비웃는다.

또 이렇게 말한다. "하루살이는 일생이 하루이고, 매미는 봄과 가을을 모른다. 초나라의 어느 나무는 500년이 봄이고, 500년이 가을이라 천 년에 한 줄의 나이테가 만들어진다. 또 대춘大椿이라는 큰 나무는 8천 년씩 봄과 가을이니, 만 6천 년에 한 줄의 나이테를 만든다. 그런데 팽조彭祖는 700년을 살았다고 사람들이 본받으려 한다. 큰 지혜와 짧은 지혜, 긴 수명과 짧은 수명 각각 자기의 길이 있다. 억지로 비교하여 본받으려는 것은 슬픈 일이다."라고 한다. 그러므로 각자 자기의 운명대로 사는 것이 자유이고, 이 자연의 엄연한 사실을 받아들이는 것이 인생을 깨닫는 길이 된다. 이렇게 되려면 먼저 인식의 전환이 필요하다. 시비是非, 미추美醜 같은 상대적 평가를 중단해야 하고, 자기 희로喜怒 감정을 죽여야 하며, 선입견도 버려야 한다.

원숭이 조련사가 원숭이에게 도토리를 주는데 "아침에 3개, 저녁에 4개 주지." 하니, 원숭이들이 길길이 뛰었다. 그러자 조련사는 "알았어! 아침에 4개, 저녁에 3개 주지."라고 하니, 원숭이가 좋아했다는 이야기가 〈제물론齊物論〉에 실려 있다. 이는 실제는 아무 차이가 없는데도 희로의 감정이 일어나는 것은 자신의 마음이 시비, 선입견, 감정에 얽매어 있기 때문이다. 이런 깨달음의 상태를 심재心齋, 또는 좌망坐忘이라고 한다.

장자는 노자의 무위자연 사상을 계승하여 도의 관점에서 이 세상을 보라고 했다. 즉 시공간의 좁은 시야에서 벗어나 크고 넓은 시각으로 세상을 보면, 시비是非, 선악善惡, 미추美醜 같은 상대적 차별이 부질없음을 알 것이라 했다. 시공간에 대한 인식의 확대로 인식전환이 한번 일어나면 남과 비교하지 말고 자기대로 삶을 영위하는 것이 좋을 것이라 했다. 이것은 만물이 '존재의 가치'에서 모두 같다는 '만물제동萬物齊同'의 우주론에서 나온 것이다.

자연과 이 세상의 '여러 가지 인생사'를 그대로 받아들이는 것은 용기 있는 행동이기는 하지만, 일종의 '운명론'이라 할 수 있다. 그러므로 장자는 "인력으로 어떻게 할 수 없다고 느낄 때 운명대로 따르는 것이야말로 최고의 덕이다."라고 한다. 또 "성인은 일체를 있는 그대로 받아들이고 모두를 그대로 긍정하는 경지에 있다. 청춘도 좋고, 노년도 좋고, 태어남도 좋고, 죽음도 모두 그 나름대로 좋다."라고 한다. 여기서 장자의 운명주의 경향을 볼 수 있다. 즉 그는 삶과 죽음을 같은 층위로 인식하였다. 그러므로 누군가 장자사상을 '실존철학'이라 했다. 인간의 피할 수 없는 죽음을 먼저 생각하고 삶의 진지함을 추구하려 한 것이 실존철학이기 때문이다.

장자 역시 이러한 달관의 경지에 도달하였는데, 이것은 그가 인생행로에서 실존적 한계상황을 자주 부딪친 결과일 것이다. 어떤 학자는 이것이 중국식 운명주의인데, 이는 중국의 기후와 풍토의 영향이 크다고 한다. 고대의 메소포타미아, 이집트, 인도 문명은 태양과 물의 도움을 받는 지역에 있었지만, 중국의 황하유역은 위도가 높아 겨울이 춥고 길며, 비가 적어 반건조지역이라 농업에 악조건이었고, 이러한 풍토에서의 삶을 영위한 농민에게 자연을 따른다는 인고忍苦의 사상, 운명에의 순종을 기르게 했다는 것이다. 물론 자연에의 순응을 중요하게 생각한 유가의 사상에도 '인사를 다하고 천명을 기다린다.'는 유사한 운명론이 있다.

다시 장자의 말을 들어보자. 그는 말하기를 "삶이란 즐거운 미혹이 아님을 누가 단정하겠는가! 죽음을 싫어하는 것이, 어려서 고향을 떠난 자가 고향에 돌아감을 잊고 있는 것과 같지 않다고 누가 단정하겠는가!"라고 한다. 이러한 생사일여生死一如의 사상은 장자의 다음 이야기에서 절정을 이룬다.

그의 아내가 죽어 처음에 그는 슬피 울었다. 며칠 뒤 그의 친구가 문상하러 찾아왔다. 그때 그는 질장구를 치며 노래를 하고 있었다. 놀란 친구가 그 까닭을 물으니, 그는 말하기를 "가만히 생각해보니 원래부터 아내의 육체도 생명도 없었다. 이 우주의 기氣에서 생명이 생기는데, 우주 변화가 한번 바뀌어 아내가 이제 죽음으로 되돌아간 것뿐이다. 내가 곡을 하는 것은 오히려 천명을 모르는 짓이다. 그래서 곡을 그만 두고 노래를 하고 있는 것이 아닌가?"라고 했다는 것이다.

《열자列子》

본성本性을 좇아 쾌락快樂을 추구하다

이 책의 저자는 알 수 없고, 또 성립연대도 정확히 알 수 없다. 장자 이후 도가 계열 인물이 열자를 가탁假託했다고 하는 설도 있고, 또 어떤 설에 의하면 이 책은 위서僞書, 즉 가짜 책이라 보기도 하고, 한漢나라 초기에서 동진東晉 사이에 성립된 것으로 보기도 한다. 그러나 《장자》라는 책에 이름이 자주 나타나서 전국시대 은사隱士일지도 모른다고 한다.

그의 사상은 도가뿐만 아니라 제가의 설을 종합하고 있다. 이 책을 주목하는 이유는 그 내용에 있다. 우리가 잘 아는 기우杞憂(괜한 걱정), 우공이산愚公移山(우공이 산을 옮긴다) 등 익히 알려진 우화가 많고, 또 인생에 대한 남다른 시각을 보이고 있기 때문이다. 모택동이 '우공이산'을 주제로 논문을 썼을 정도로 지금까지 인구에 회자되고 있고, 인생에 대한 시각은 《장자》의 〈외편〉, 〈잡편〉의 연장선에서 더 발전시켜 독특한 면을 개척하고 있기 때문이다. 사상사에서 장자를 계승하는 도가 계통의 사상으로 간주하여 서술하고 있는 것도 그 때문이다. 그의 주장은 한마디로 말하여 '쾌락주의'이다.

《장자》의 〈외편〉, 〈잡편〉은 장자의 오리지널 작품 〈내편〉과 달리 몇 개의 사상 조류로 분화되었는데, 대체적으로 '인간의 본성'

에서 '자연'을 찾는 방향으로 전개된다. 즉 '무위자연'으로 돌아가라는 말을 '인간의 본성대로' 살아야 된다는 식으로 해석했다. 인간 본성은 원래 노자가 말한 '무無'(허무虛無)와 같은 것이므로 '유有', 즉 감정, 지식, 욕망 등을 버려야 한다는 설이 첫째 경향이다. 여기에서 조금 더 나아가 인간은 태어난 그대로 살아야 한다고 주장하였는데, 즉 지족안분知足安分이다. 그러므로 인위적으로 오래 살려고 양생법養生法을 연마하는 것은 부자연스러운 것이 된다.

두 번째 경향은 인간 본성은 인간의 '진실한 감정', 즉 '천진난만한 정情'을 발휘하는 것이 된다. 유가의 예를 지키는 것도 이러한 감정을 발휘하는 것이 된다고 여긴다. 물론 예악의 병행도 좋고, 또 효를 행하는 것도 이 감정을 정성스레 표현하는 방법일 수 있다고 본다. 여기서 유가와 접근하고 있다.

마지막으로 세 번째는 인간의 본성을 '욕망'으로 인식한 것이다. 이 설을 확대한 것이 열자의 사상이다. 열자는 "인생 백년에 유년기, 노년기, 괴로움과 걱정으로 보내는 세월을 빼고 즐길 날이 얼마나 될까. 이 세상의 즐거움은 좋은 옷, 여색과 가무 외에 또 무엇이 있겠는가. 도덕이나 법률에 얽매어 이 즐거움을 얻지 못한다면 감옥의 죄수와 무엇이 다를까."라고 말한다.

한편 열자는 또 인간의 자유의지라는 것도 실은 그 심연에 '숙명적 요인'이 도사리고 있다는 숙명론을 설파하여 신비주의의 일면을 보이기도 한다. 노장 사상이 달마의 불교와 만나 '선불교'로 태어난 것도 우연이 아니다.

《산해경山海經》

동양신화東洋神話의 보물창고

이 책은 고대의 인문지리서이다. B.C. 6년경에 만들어진 책으로 동양신화의 보고寶庫이기도 하다. 각지의 산악에 사는 인면수신人面獸身(사람 얼굴에 몸은 짐승)의 신들과 그들에게 지내는 제사법, 그 지역의 산물 등을 기록해두었다. 오늘날 전하는 것은 진晉나라 곽박郭璞이 서문과 주석을 붙인 것인데 모두 18편이다.

이 중에 처음 5편을 〈오장산경五藏山經〉이라 하고, 분량도 반을 차지한다. '오장산'은 동·서·남·북·중앙 다섯 개의 산으로, 그 산에 나는 동물과 광물 이름이나 형상을 소개하고 있다. 이것이 큰 분류이고, 세부로 들어가면 매우 체계적으로 구조화하여 설명하고 있다.

예를 들면, 제1편 〈남산경南山經〉 큰 제목 아래에는 남산경, 남차이경南次二經, 남차삼경南次三經 식으로 되어 있고, 대표적인 산은 각각 작산鵲山, 거산柜山, 천우산天虞山이라 하였다. 이런 식으로 산맥과 산 이름을 제시하고, 거기에 사는 동물과 광물을 소개하고 있다. 한 구절 말미에는 산악의 수와 산맥 전체의 길이, 산신의 형태, 공물 및 제사 방식을 덧붙였다. 산지山志(산 소개), 신기지神祇志(그곳 신의 소개), 물산지物産志(그곳 생산물의 소개)의 성격을 띤다.

제6편 〈해외남경海外南經〉 이하로는 서술 방식이 바뀌어 가슴

이 둑 튀어나온 사람들이 사는 결흉국結胸國과 가슴에 구멍이 뚫린 사람들이 사는 관흉국貫胸國과 같은 기괴한 나라들을 열거하고 있다. 또 14편 〈대황동경大荒東經〉 이하 5편에는 많은 인면수신人面獸身의 신들과 그들에 관한 신화를 기록하고 있다. 마치 서양 신화에 나오는 인면수신의 모습과 같은데, 고대인의 유사한 상상력을 알 수 있다.

이러한 다른 기술 방식의 혼합으로 보아 이 책은 한 사람이 지은 것이 아니고, 연대도 다름을 알 수 있다. 〈오장산경〉은 전국시대 이전 주周나라 때 만들어진 것으로, 〈해외경〉 이하는 전국시대와 춘추시대 때 만들어진 것으로 추정하고 있다.

위진남북조시대 시인인 도연명陶淵明의 시에 "《산해경》의 그림을 본다."라는 구절이 있는 것으로 보아 원래 이 책에는 그림이 삽입되어 있었음을 알 수 있다. 다만 오늘날 전해지는 판본은 후세 사람이 그린 것인데, 귀신, 이상한 형태의 사람, 조수鳥獸, 어류의 기괴성이야말로 고대 종교의 모습, 고대인의 신화적 상상력을 잘 보여주고 있다. 이 책은 중국 고대 신화의 보고라 할 수 있다.

몇 가지 재미있는 이야기를 들어본다.

> 소요산招搖山의 풀 이 풀은 부추같이 생겼는데, 푸른 꽃이 핀다. 이 풀을 먹으면 배가 고프지 않다.
> 소요산의 나무 생김새가 닥나무 같으며 결이 검고 빛이 사방을 비춘다. 그 이름은 미곡迷穀이며, 이것을 몸에 지니면 길을 잃지 않는다. 이곳에 사는 짐승 가운데 꼬리가 길고 귀가 희며 사람처럼 달리기도 하는 성성이猩猩-(오랑우탄)라는 것이 있다.

단혈산丹穴山의 봉황 이 새는 닭처럼 생겼는데, 오색 무늬가 있다. 이름을 봉황鳳凰이라 한다. 몸의 무늬를 보면, 머리의 무늬는 덕德을, 날개의 무늬는 의義를, 등의 무늬는 예禮를, 가슴의 무늬는 인仁을, 배의 무늬는 신信을 나타낸다. 이 새가 나타나면 천하가 평안해진다.

화산華山 화산은 모든 산의 근원으로서 제사를 지내는 중심이며, 제물은 소·양·돼지를 이용한다. 유산楡山은 신령이 영험을 보이는 곳이므로 제사를 지낼 때 횃불을 100개 밝히고, 100일 동안 재계하며, 100마리의 희생을 바치고, 100개의 유옥瑜玉을 땅에 묻고, 100동이의 술을 데우고, 100개의 규옥珪玉과 벽옥碧玉을 바친다.

바다를 메우는 새 발구산發鳩山에는 뽕나무가 많은데, 이곳에 사는 어떤 새는 생김새가 까마귀 같고 머리에 무늬가 있으며 부리는 희고 발은 붉다. 이름을 정위精衛라고 하는데, 그 울음소리가 '정위, 정위' 하고 마치 자신의 이름을 부르는 것 같아 붙여진 이름이다. 이 새는 본래 염제炎帝(고대 전설상의 제왕)의 딸로 이름은 여왜女娃이다. 여왜는 동해에서 놀다가 물에 빠져 돌아오지 못해 정위가 되었는데, 늘 서쪽 산의 나무와 돌을 물어다 동해를 메운다.

기굉국奇肱國 사람 이곳 사람은 팔이 하나에 눈이 셋이며, 암수가 한 몸이고, 무늬가 있는 말을 탄다. 그 곁에는 머리가 둘이고 적황색을 띤 새가 있다.

부상扶桑과 열 개의 태양 북쪽에 흑치국黑齒國이 있는데, 그곳 사람들은 이가 검고, 뱀도 먹는다. 붉은 뱀 한 마리와 푸른 뱀 한 마리가 늘 그 곁에 있다. 해 돋는 곳이 있는데, 탕곡湯谷이라

하고, 그 위에 부상이 있는데, 10개의 태양이 목욕을 한다고 한다. 물 한가운데 큰 나무가 있는데, 9개의 태양이 아홉 가지에 있고 1개의 태양이 윗가지에 있다.

곤륜崑崙언덕 해내海內에 곤륜언덕이 있는데, 이는 천제天帝가 하계下界에 둔 도읍이다. 곤륜언덕은 사방이 800리이고 높이가 1만 길이다.

왜 · 조선 · 봉래산蓬萊山 개국蓋國은 거연鉅燕의 남쪽, 왜倭(일본)의 북쪽에 있고, 왜는 연燕에 속한다. 조선朝鮮은 열양列陽의 동해, 북산의 남쪽에 있다. 봉래산은 바닷속에 있다.

《산해경도山海經圖》 봉래산蓬萊山

《포박자抱朴子》

불로장생不老長生의 비법秘法을 기록하다

사람은 예나 지금이나 오래살기를 갈망하는데, 이 불로장생不老長生의 방법에 대해 이야기한 책이 바로 이 책이다. 불노장생은 정신적으로나 육체적으로나 건강하게 사는 것인데, 이 두 가지는 의학상으로는 구분되지만 함께 수련해야 된다. 심신일체心身一體의 원래 인간 모습이 바로 박朴(=樸)이다.

370년경 진晉나라의 갈홍葛洪은 이러한 신선神仙의 도道에 대해 연구하여 자기 호를 붙여 책 이름을 지었다. 내편 20권, 외편 50권을 지었는데, 신선 수련법은 내편에 들어 있고, 외편은 유가사상의 입장에서 세상 풍속을 비판한 것이어서 주로 내편을 그의 주요 저술로 본다. 그는 신선의 도는 바로 본래 인간의 모습, 즉 '박'을 회복하는 것이라 보았다. '포박'이란 명칭은 《노자》의 '견소포박見素抱朴'에서 따왔다. 이를 보면 그의 사상의 원류는 도가사상이다.

진시황이 불로초를 구하러 방사方士(신선수련자)를 동쪽으로 파견했다는 역사 기록으로 보아 당시 이런 신선 수련법이 유행했고, 그 후 도가사상과 도교의 중요 내용이 되었다. 정신적 수련 면에서 보면 선도仙道라 할 수 있고, 육체적 수련 면에서 보면 일종의 건강(단련)법인데, 여기에 포박자는 당시의 과학적 방법을 더하여 의학적 선강법, 약물학藥物學으로서의 단약丹藥 제조법 등을 설명하였다. 육체적 수련법에서는 호흡법, 방중술房中術(섹스기법) 등도 언급하고 있다. 단약丹藥이란 광물질을 이용한 약인데, 주사朱砂(=丹砂)가 붉으므로 '단약'이라 이름하였다. 주사 외에 수은, 유황, 종유분鍾乳粉 등의 광물질이 이용되었는데, 이러한 약은 독성이 강하여 오히려 수명을 단축시키거나 죽음에 이르게 할 수도 있다. 오늘날과 같은 과학으로서의 '화학'이 발달하기 전이어서 특수 물질의 성분 중에는 장생의 비약이 있을 것이라 생각한 것이다. 이는 서양의 연금술鍊金術과 같은 발상이다. 그런데 선행善行을 닦지 않으면 단약을 먹어도 소용없다고 하여 '선행'을 강조하고 있는 것이 특이하다.

이 외에 곡식을 끊는 '곡단법穀斷法', 병기兵器를 피하는 법, 몸을 숨기는 은신법隱身法, 이빨을 두드리는 '고치법叩齒法' 등을 논하고 있다. 또 정精·기氣·신神이 삼위일체三位一體가 되어야 몸이 건강하다고 말하고 있다. 이 삼위일체설은 《동의보감》의 건강총론에 이미 인용되고 있는 등 이 책은 동양의학서에 자주 인용되었다. '고치법'은 퇴계退溪 이황李滉 선생의 실내체조법인 《활인심방活人心方》에도 인용되어 있다. 또 '곡단법'은 《동의보감》에 보면 '구황救荒(흉년에 굶주림을 면하는 법)'으로 나와 있다.

'단약'을 제외하면 건강법에 참고할 것이 더러 있다. 특히 '호흡법'은 불교 같은 종교, 성리학의 선비 수련법, 오늘날 보편적인 운동법에서도 매우 중요하게 다루어지고 있다.

《춘추번로春秋繁露》

춘추대의春秋大義와 음양학陰陽學을 아우르다

이 책은 전한前漢의 대학자 동중서董仲舒(B.C. 179?~B.C. 104?)의 저술이다. 지금 전해오는 것은 17권에 79편이다. 우리는 역사에서 한漢나라 무제武帝 때 동중서의 건의로 제자백가 중에서 유학(유가사상)을 치국 이념으로 정하고, 관리 선발 방법으로 '과거제도'를 시행했다고 알고 있다.

이 책은 크게 3부분으로 구분된다. 첫째는 춘추대의를 천명闡明한 것, 둘째는 천도天道를 음양·사시四時·오행 등과 관련지어 설명한 것, 셋째는 조정의 각종 제례祭禮에 관한 것이다. 책 이름을 보면, 춘추학과 관련이 있고, 음양오행 등을 '번로'라 한 것 같다.

그는 어릴 때 《춘추》를 탐독하였고, 한나라 경제景帝 때에 박사博士가 되었다. 무제가 즉위하면서 '거현량문학지사擧賢良文學之士'란 시험 제목을 내었는데, 그가 3편의 대책對策(답안)을 내어 이것이 국가 정책으로 채택되었다.(새 왕조의 인재 등용법에 해당)

한나라 무제 집권 시에는 나라가 어느 정도 안정된 상태라 그 이전 왕조의 봉건체제를 청산하고 강력한 중앙집권 체제를 마련할 필요가 있었다. 정치 이념(사상)의 통일과 인재 등용이 급선무였다. 한 무제는 그 시작으로 '오경박사五經博士' 제도를 두었다. 그는 이 시책에 맞추어 '제자백가를 물리치고 오로지 유학을 치국이념으로 삼을 것'을 주장하였다. 한 무제는 선비에 의한 문치文治를 하되, 통치술에 있어서는 권력의 속성상 법가의 통치술을 채택하였다. 말하자면 동중서는 '어용학자御用學者'라고 할 수 있는데, 건국 초의 안정을 위해서는 그런 방법이 불가피하였다.

한나라에 와서 《춘추》는 헌법과 같은 구실을 하였는데, 맹자가 일찍이 "공자가 《춘추》를 지음으로써 난신亂臣·적자賊子가 두려워하게 되었다."고 하였다. 이는 명분을 중요시하는 것으로 다시 말하면 군주의 권위를 신성불가침으로 만드는 것이다. 《춘추공양전》의 사상도 마찬가지였고 동중서의 생각도 같았다.

동중서는 제왕의 권력 근거로 '하늘', 곧 '천天'을 갖다 대었다. 그는 "'천'은 만물의 근원이며 만물은 '천' 없이 생성될 수 없다."고 한다.(〈순명順命〉) '천'은 춘하추동의 자연현상을 운행하면서도 사람처럼 희로애락의 마음을 가지고 있다고 하였다. 이에 근거하여 그는 "군君은 양이요, 신臣은 음이다."라고 하고(〈기의基義〉), "왕도의 삼강三綱은 '천'에서 구할 것이다."라고 한다.(〈기의〉)

원래 맹자가 말한 '오륜'은 쌍무적雙務的 윤리를 말한 것이지만, 삼강은 상하 종속적이고 권위주의적인 윤리이다. 또 그는 인간이 '천'의 복사판이고, 따라서 정치를 잘못하면 하늘이 감응하여 인간에게 재앙을 내린다는 '천인감응설天人感應說', '재이설災異說'을 주창하기도 하였다. 그는 제왕 중심의 관학官學을 만들고 말았고, 이 관학으로 인하여 그 후 '경학經學' 이외의 학문은 중국에서 일어나지 못하였다. 그런 점에서 그는 순유純儒(순수한 선비)가 아니다.

《법언法言》

한대漢代에 나타난 모방 《논어論語》

이 책은 전한前漢의 학자 양웅揚雄(B.C. 53~A.D. 18)이 공자의 《논어》를 모방하여 자신의 폭넓은 지식을 바탕으로 문답식으로 저작한 칼럼이다. '서문'을 포함하여 총 14편으로 구성되어 있다. 내용은 정치·경제·사회뿐만 아니라 역사·문화·교육·군사 등 제반제도와 문물을 망라하고 있다. 송대의 《논어》를 《근사록近思錄》이라 한다면 이 책을 한대의 《논어》라고 할 수 있다. 모두 공자를 숭배하고 계승한 정신의 발로이다. 특히 그는 공자를 매우 숭배하는 마음을 이 책 곳곳에서 나타내고 있다.

그는 어려서부터 사마상여司馬相如의 영향을 받아 부賦(문체의 일종, 서사시와 같음)를 잘 지었다. 전한 말 조정의 상황은 매우 혼란하여 이 와중에 왕망王莽의 왕위 찬탈까지 일어났는데, 양웅 역시 이때 곤욕을 치르기도 했다. 즉 왕망이 황제가 된 뒤에 왕망을 찬미한 글이 문제가 되어, 훗날 왕망의 몰락과 함께 그의 명성도 추락하고 말았다.

그는 박학하여 질문하는 사람이 많았는데, 그는 대답할 때 항상 성인의 법도를 말의 규범으로 삼았다. 이 책이 문답식으로 된 것도 그런 이유이다. 양웅은 명리名利에 대한 욕심이 없었다. 만년에야 겨우 대부의 지위에 올랐으나 처음에 같은 지위에 있던 왕망이나 유흠劉歆 등의 출세에 비교해보면 매우 늦은 편이었다.

그는 오로지 저술에 의해 이름을 남기고자 하였으나, 중간에 헛되이 시국의 파도를 피하고자 아부하는 문장을 지어 실수를 범하기도 하였다. 세상살이와 맞지 않는 자신의 삶이 따분하였던지 술로 심사를 달래면서 가슴에 품은 말을 문자에 실어 나타내기도 하였다. 그의 글은 《논어》 속 공자의 말처럼 짤막짤막한데, 모두 320여 조(단락)의 문장을 만들었다. 공자를 숭배하고 그 문투를 모방하면서 여러 가지 주제에 대해 관심을 보인 그의 글은 한나라 때의 유가사상이지만 수양론修養論으로 음미할 만하다.

어떤 사람이 "사람이 오래 살기를 바라는 것은 더 배우고자 하기 때문이 아닐까요?"라고 하니, 그는 "아니다. 참으로 학문을 좋아한다면 오래 살기를 바라지는 않는다."라고 하였다. 이는 공자의 "아침에 도를 들으면 저녁에 죽어도 좋다."는 말과 유사하다.(〈학행學行〉)

또 그는 말하기를 "하늘의 도는 중니仲尼(공자의 자字, 공자를 말함)의 가르침에 있지 않은가. 중니는 자기의 가르침을 널리 전했다. 지금 그 도는 유가儒家의 손에 있지 않은가. 그러므로 공자의 가르침을 전하려면 유가로 하여금 목탁木鐸(교화 지도자)이 되게 하면 된다."라고 하여 유가 사상을 적극 주장하였다.

또 그는 "배운다는 것은 타고난 본성을 닦는 것이다."라고 하며 "어린아이가 어떤 인물이 되는가는 스승에 의해 결정된다."라고 한다.(〈학행〉)

또 그는 맹자에 대해 말하기를 "옛날에 양주와 묵적의 사설邪

說이 끼어들어 공자의 도를 가로막았을 때 맹자가 웅변으로 막았다."라고 한다.(〈오자吾子〉)

공자가 등용되기 전 어려움을 겪었다고 하니, 그는 대답하기를 "성인은 하늘의 명을 즐기고 분수에 만족한다. 그러면 초조하지 않고 번민이 없다."고 한다.(〈수신修身〉)

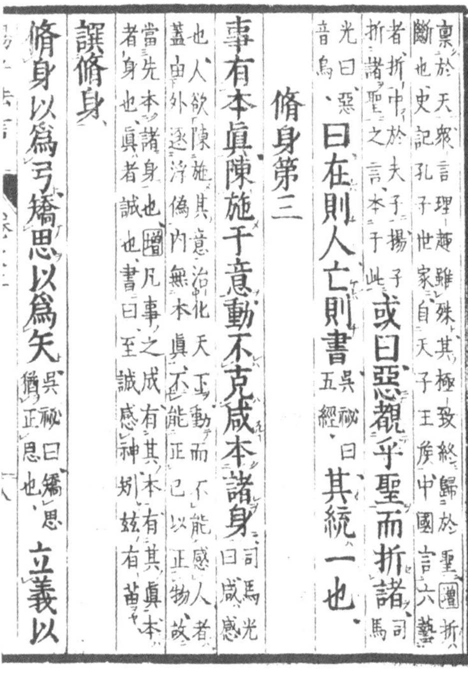
稟於天衆言理趣雖殊其極致終歸於聖 增 折斷也史記孔子世家自天子王侯中國言六藝者折中於夫子揚子折諸聖之言本于此 或曰惡覩乎聖而折諸 司馬光曰惡音烏 曰在則人亡則書 吳祕曰五經 其統一也

脩身第三

事有本眞陳施于意動不克咸本諸身 司馬光曰咸感也人欲陳施其意治化天下動而不能感人者蓋由外逐浮偽內無本眞不能正己以正物故當先本諸身也 增 凡事之成有其本有其眞本者身也眞者誠也書曰至誠感神矧茲有苗

譔脩身

脩身以爲弓矯思以爲矢 吳祕曰矯思脩正思也 立義以

《양자법언증주楊子法言增註》

《송명신언행록宋名臣言行錄》
송대宋代 명신名臣들의 위인전기

송대宋代의 명신들의 언행에 관한 일화를 모아놓은 책이다. 시대 순으로 재상 이하 명신 97명을 실었다. 송대 성리학자 주자朱子가 편찬했다. 모두 14권이다. 정치적 지혜와 처세의 요체에 관한 것으로 오랫동안 《정관정요貞觀政要》와 함께 널리 읽혔다. 오늘날로 말하면 '위인전기'에 해당된다고 하겠다. 정치인은 물론이고 조직의 지도자, 경영자들에게도 시사하는 바가 많다. 이 책이 널리 읽히자 이유무李幼武가 《황조명신언행속록皇朝名臣言行續錄》 등 3종의 언행록을 더 편찬했다. 몇 개의 일화를 들어본다.

형벌과 상은 천하의 것이다 송나라 초기 재상을 지낸 조보趙普는 초대 황제 태조와 2대 황제 태종을 모셨는데, 인품과 실천력, 안목이 남달랐다.

어느 날 조보가 어떤 사람을 추천했다. 태조가 거부하자 조보는 다음날 다시 재가裁可를 청했다. 태조가 문서를 찢어버리자 조보는 풀로 붙여 다음날 다시 올렸다. 그러자 태조는 할 수 없이 재가하였다. 과연 추천된 그 사람은 능력을 발휘했다.

또 조보가 어떤 사람의 승진을 청했는데, 태조는 평소 그 사람을 미워했으므로 허가하지 않았다. 조보는 "형벌은 악을 다스리고, 상은 공적에 보답하는 것입니다. 상벌은 원래 천하의 것입니다. 개인의 감정에 좌우되면 안 됩니다."라고 하였다. 왕은 궁중에 칩거해버렸다. 조보가 문 앞에서 계속 기다리자 태조는 조보의 뜻을 받아들였다.

우리나라 조선조 중종 때에도 비슷한 일이 있었다. 정암靜庵 조광조趙光祖가 '위훈삭제僞勳削除'를 청하자 왕이 허락하지 않았다. 정암은 퇴청하지 않고 궁중에서 밤을 새워 마침내 왕의 허락을 받아낸 일이 있다.

남의 잘못은 모르는 게 약이다 송나라 태종대의 명재상 여몽정呂蒙正은 절도를 지키며 정치를 잘하여 여러 사람의 신망을 받았다. 그는 특히 남의 잘못에 대해 관대했다. 재주가 있어 젊은 나이에 과거에 장원을 한 그는 빠르게 출세하여 일찍이 부재상副宰相 자리에 올랐다. 어떤 이가 새파란 젊은이가 부재상이 되었다고 비난한 적이 있었는데, 여몽정은 못 들은 척했다. 동료가 그자의 관등성명을 밝히려 하자 그는 제지하며 못하게 했다. 조정에서 나와서도 동료는 계속 불쾌하게 여기며 밝히지 못한 것을 후회하자 그는 "그럴 필요 없네. 그자의 이름을 알아버리면 평생 잊지 못할 것이니 차라리 모르는 게 편하지 않겠는가!"라고 하였다.

범중엄范仲淹은 부재상으로 국내외 정책에 공을 세운 명재상인데, 그는 젊어서부터 지조가 있어 주위의 평판에 마음이 흔들리지 않았다. 늘 말하기를 "선비는 남보다 먼저 천하를 걱정하고 천하의 즐거움은 뒤로 미룬다."고 하면서 평생 좌우명으로 삼았다.

《근사록近思錄》

'사서四書' 입문을 위한 필독서

후한後漢 때 중국에 들어온 불교는 중세 위진남북조시대(221~589)를 거치면서 많은 불교 경전의 번역이 이루어져, 중국 전통 문화나 사상과의 비교를 통하여 점차 토착화되어가는 한편 불교 교리 연구나 신앙면에서도 많은 발전이 이루어졌다. 그 후 수隋·당唐대에 와서는 불교를 중국화하는 경향을 보이면서 한편으로는 '중국불교'를 형성했다.

이에 비해 중국 전통사상인 유교는 당 이전 위진남북조시대에는 불교와 노장사상(도가철학)에 눌려 뒤로 밀려나고 세력도 위축되어 갔다. 그런 추세 속에서 당나라 통일 왕조에서는 점차 중국 전통으로서의 유교를 부흥시키려는 운동이 일어나기 시작했다. 이 과정에서 당 후반기 문장가 한유韓愈가 불교를 배척해야 한다는 격한 어조의 상소문을 올리기도 했다.

그러나 당나라가 멸망하고 한유의 이러한 부흥운동도 계속되지 못했을 뿐만 아니라 송나라로 통일(979년)하기까지 약 70년간 '오대십국五代十國' 시대라는 혼란한 시기가 도래했다. 그러므로 송나라 건국 후 가장 시급한 것은 중국 전통사상의 부흥과 새로운 인재의 양성이었다.

이 시대의 새로운 인재를 '사대부士大夫'라고 불렀다. 조선조의

'선비'와 같이 엘리트 독서인이면서 관로에 나아가서는 국가 경영의 책무를 맡는 지식인이자 정치인이었다. 한나라 때 인재 양성을 위해 '오경五經' 편찬에 힘을 쏟았다면 이 시대에는 노장사상과 불교를 물리칠 수 있는 유교 고유의 특징을 찾아 교재를 편찬하는 일이 급선무였다. 그 결과 나온 책이 '사서四書'이다.

그러나 《논어》와 《맹자》 외 《대학》과 《중용》은 원전 자체에 문제점도 있고 내용도 그리 쉽지 않은 것이어서 유교 경전으로서 완벽한 것이 못 되었다. 《대학》이 유교의 이념을 잘 나타낸다고 하지만 철학성이 노장사상이나 불교만 못하고, 《중용》은 내용이 어렵고 자료도 통일되지 않았다.

주자朱子는 친구 여조겸呂祖謙(호 동래東萊)과 한천정사寒泉精舍에 머물면서 북송시대(주자는 남송시대 사람) 선배 학자 4인의 학설을 분류 편집하여 《근사록》이라 이름 짓고, 이를 '사서'에 들어가는 입문서로 삼았다. '근사近思'는 《논어》의 공자의 '절문이근사切問而近思'에서 따온 것으로, 학문은 생활 속에서 묻고 생각해야 한다는 뜻이다. 모두 14권이다. 선배 학자 4인은 주돈이周敦頤, 정호程顥, 정이程頤, 장재張載 등이다.

목차를 보면, 도체道體, 논학論學, 정사政事, 교학教學 등 14항목이다. 유교의 기본 교리인 수신-제가-치국의 체계에 맞추어 생활 규범이 정리되어 있지만, 불교와 노장사상의 영향으로 우주에 대한 설명이 추가되어 있다. 마치 기독교의 '창세기'처럼. '태극도설太極圖說'이 처음에 나온다.

《주자문집대전朱子文集大全》

주자의 학술논문을 집대성한 성리학性理學의 고전

이 책은 일반 독자들이 생활의 지혜를 얻기 위해서 읽기에는 부담되는 철학적인 내용을 담고 있는데, 소개하려는 이유는 우리의 옛 선조들이 '사서' 다음가는 신성한 책으로 여기고 읽고 또 읽은 것이기 때문이다.

중국 모든 책의 근원은 '오경'과 '사서'에 귀착되고, 그 핵심에 《주역》이 있다고 흔히 말해왔다. 근세에 와서(중국 송나라 이후, 우리나라는 조선조) 그 《주역》보다 더 신성하게 여긴 바이블이 이 책이었다. 물론 과거시험의 교재는 '사서'와 '오경'이지만, 그것을 잘 이해하기 위해서는 이 책을 읽어야 한다는 것이다. 서양의 바이블, 토마스 아퀴나스의 《신학대전》과 비견하면 된다. 동아시아 근세, 근대 700년 동안 지식인의 사상과 문화, 예법, 관습에 이르기까지 광범위한 영향을 끼친 책이다.

이 책은 주자朱子(1130~1200)의 문집文集이다. 그러나 단순한 문학작품집이 아니고 그것을 포함하여 편지글로 친구, 제자들과 학술을 토론한 자료를 모아놓은 일종의 학술논문집의 성격을 함께 가지고 있다. 줄여서 《주자대전》이라고 부르는데, 그 약칭이 더 잘 알려져 친근하다. 이 책과 더불어 그의 사상을 연구하는 데 중요한 자료 한 가지가 더 있는데, 그것은 《주자어류朱子語類》이다.

그와 제자간에 질의응답한 어록語錄이다.

이 책에 실린 주자의 사상은 무엇일까? 주자 사상의 특색은 두 가지로 요약할 수 있다. '격물치지格物致知'와 '이기설理氣說'이다. '격물치지'설은《대학》속의 문구에서 힌트를 얻어 자기설로 만든 개념이고, '이기설'은 우주자연을 유기체, 곧 생명체로 보는 동양사상 특유의 세계관이다. 인간의 '의식 – 심리 작용'도 이 이기설로써 설명했다. 인간과 우주자연의 일체감이 성리학性理學의 기본 사상이다.

유교는 도덕 감정을 배양하여 도덕규범, 즉 예禮를 실천하는 인간학인데, 공자 이후 도덕 감정과 인격 수양을 강조해왔다. 그러나 주자는 도덕을 위해서는 객관적인 온갖 '지식'이 필요하다고 생각했다. 이것을 강조한 것이 격물치지설이다. 사물을 탐구하여 나의 지적(도덕적) 수준을 높인다는 뜻이다.

이기설은 이 우주자연을 이理와 기氣라는 두 개념으로 설명하는 체계이다. 집에 비유하면 이는 설계도, 기는 건축자재에 비유할 수 있다. 철학에도 인간이 관념적으로 만들어내는 개념이 있다. 종교의 신·영혼불멸·내세 등과 같이 철학은 이데아·이 같은 추상적인 세계를 생각해내지 않으면 안 된다. 성리학은 고대 공자·맹자의 도덕설을 근세 철학적인 체계로 만든 것이다. 맹자는 인간 본질은 선善이라 하였다.(성선설性善說) 성리학은 인간 본질은 우주의 섭리가 들어와 있다고 하였다.(성性은 이理이다.)

《주자대전朱子大全》 주변 이야기

주자와 우리나라 유교전통儒教傳統

동아시아 전통문화에서 유교를 빼고 이야기할 수 없고, 유교를 말하면 공자와 맹자를 이야기하지 않을 수 없다. 그 이후는? 중국과 한국의 유교사상사에서 맹자 이후 주자朱子를 대표자로 본다. 그가 중세 유교를 체계화했기 때문이다.

고려 말 원나라 식민지 지배하에 주자학이 우리나라에 들어왔다. 조선조 건국과 더불어 유교를 통치 이념으로 한 나머지 주자학이 모든 학술 사상과 문화에서 압도적 우위를 차지했다. 선비의 책상에서 이 책이 '사서'와 더불어 나란히 놓이고, '오경'은 밀려났다. 《주자대전》은 개인 문집이므로 평생에 쓴 모든 종류의 글이 다 모아져 있다. 그중에서 편지글이 사상 내용을 가장 많이 담고 있는데, 이는 옛날 학술 활동은 편지로 학술 토론을 진행하였기 때문이다.

조선조에서 제일 먼저 이 편지글을 중시하여 발췌 편집하고, 이를 제자 교육용으로 사용한 학자가 퇴계退溪 이황李滉(1501~1570)이다. 그 발췌본이 바로 《주서절요朱書節要》이다. 지금 안동의 도산서원에 남아 있는 '도산서당陶山書堂'에서 이 교재로 제자들을 가르쳤다. 이것을 모방하여 그는 만년에 자기의 편지글을 발췌하여 《자성록自省錄》이라 이름하였다. 이 책들이 모두 임진왜란 때 일본에 전해져서 일본에서 퇴계 존숭의 학풍이 일어나기도 했다.

한편 조선 후기에 와서 충청도에서 우암尤庵 송시열宋時烈(1607~1689)이 나와 본격적으로 주자 문집 전체에 대해 해석을 붙이기 시작했다. 그는 주자를 신격화하듯이 숭배하여 《주자대전》을 거의 다 외우다시피 했다. 자신의 문집 또한 《주자대전》처럼 100여 권의 분량을 이루었다. 당시 노론이 정권을 잡고 있어, 주자에 대한 존숭은 극에 달하여 주자학의 이념화, 도그마 현상이 나타나기 시작했다. 또 당시 정조대왕 역시 주자학을 신봉하여 우암을 추숭하였다. 그 결과 우암의 문집을 《송자대전宋子大全》이라 이름 붙이도록 허락하였다. 조선조에서 중국처럼 성姓에 '자子'를 붙여 높인 유일무이한 케이스가 되었다. 정조대왕은 주자와 송자의 글 중에서 닮은 글을 골라 편집하여 《양현전심록兩賢傳心錄》이라는 서적을 편찬하도록 하기도 하였다.

한말에 이르기까지 주자학 존숭은 끊어지지 않고 이어졌는데, 한말의 위정척사衛正斥邪를 외친 화서華西 이항로李恒老 역시 철저한 주자학자로 《주자대전차의집보朱子大全箚疑輯補》를 완성하였다. 남송 시기에 활약한 주자는 당시 북쪽 땅을 흉노에게 빼앗기고 구토舊土 회복의 염원을 가지고 있었으므로 철저한 화이사상에 입각한 중화주의(민족주의)를 갖고 있었는데, 화서 등 척사파들은 이것을 조선조 대외 관계에 그대로 적용하였다. 주자학자로서의 어쩔 수 없는 선택이었다.

《주자어류朱子語類》

성리학자 주자의 말씀을 직접 듣다

이 책은 주자朱子와 제자 사이 학문에 대해 주고받은 내용을 기록한 '어록語錄'이다. '어류語類'나 어록이나 뜻은 같다. 주자 이전의 유교와 주자 이후의 유교, 곧 성리학性理學의 중요한 장점은 인간 도덕 문제를 우주의 차원에서 이론적으로 뒷받침한다는 것이다.

물론 이는 인류 지성의 발달사로 볼 수도 있지만, 중국의 경우 불교라는 종교를 수용한 뒤 도덕과 윤리 문제를 '철학적'으로 다루기 시작했다는 의미이다. 종교로서 불교가 갖는 민중적 신앙, 사원의 건축도 새로운 문화적 확대이지만, 이론면에서 불교의 이론을 빌려 성리학이라는 '도덕철학'을 형성한 것이다.

공자, 맹자의 도덕론, 윤리 규범, 예禮라는 종교적 의례에 우주의 원리를 가지고 근거를 구성했다. 즉 인간과 우주가 일체화되어야 하고, 우주자연의 합목적성에 인간의 행위가 합치되어야 한다는 성리학의 기본 원리를 말한다. 그러므로 이 어류에는 우주론이 도덕론과 병행되고 있다.

우주론의 이론 체계의 핵심은 이理라는 원리(이데아)와 기氣라는 질료(재료)가 함께 있어야 우주가 형성되고 운행된다는 것이다. 이라는 개념은 그전 유교에 없던 개념이다. 그래서 송대 성리학을 '신유학新儒學'이라고 한다. 《주자어류》의 첫머리에 이 문제가 집중 서술되어 있다. 간단히 말하면 "이와 기는 서로 떨어지지도 않고 동시에 섞이지도 않는다.〔理氣不相離不相雜〕"라는 명제로 나타낸다. 그 외 '오경'과 '사서'를 비롯 제자백가諸子百家나 불교와 노장사상 등에 대한 비판적 고찰이 대화체로 기록되어 있다.

주자가 '사서'를 편찬할 때 공자와 맹자의 어록, 즉 《논어》와 《맹자》를 선택한 것은 성인의 말씀을 직접 들을 수 있다는 이점 때문이었듯이, 이 《주자어류》도 그 이후 주자를 직접 접하는 이점이 있다고 후학들이 생각하였다. 그러나 이 책은 어록체이므로 당시 '구어체口語體' 문장이 혼용되어 있어 일반인은 번역본으로 접하는 수밖에 없다. 《주자대전》은 정조대왕의 《주서백선朱書百選》 외 아직 읽을 만한 번역본이 없으나, 《주자어록》은 적당한 번역서가 있다. 여기서 주자가 제자들에게 공부에 대해 당부하는 말을 직접 들어보자.

"이곳에서 공부하는데, 강의하는 시간은 적고 자네들이 실행하는 시간은 많다. 그러므로 무엇이든지 자네들 자신이 직접 일을 대해보고, 직접 생각해보고, 자신이 수양하지 않으면 안 된다. 책도 스스로 읽고 이치도 스스로 탐구해보아야 한다. 나는 다만 길을 안내하는 안내자일 뿐이다. 의문점이 있으면 함께 생각해보자."라고 하였다. 원래 유교의 스승상은 공자도 그랬지만 주자 역시 고대 그리스 철학자처럼 산파역을 자처했다.

《주자가례朱子家禮》

관혼상제冠婚喪祭의 예禮를 규정하다

주자朱子의 저술 중 동아시아 유교 문화에 영향을 많이 끼친 책으로 《주자가례》를 빼놓을 수 없다. 유교의 종교적 의례를 말하면 '관혼상제冠婚喪祭'를 들 수 있는데, 이 의례의 집행 여부가 유교가 얼마나 토착화되고 확산되었느냐의 척도가 된다. 이 척도는 한·중·일 세 나라가 각각 다른데, 우리나라의 경우 조선조 중기 토착화되어 한국문화의 트레이드마크가 되었다. 그 예교의 관습, 생활화는 오늘날까지도 영향을 미치고 있다.

중국은 땅이 넓고 왕조가 이민족에게 망하기도 하여 예교의 지속성이 우리나라만큼 강하지 못하고, 일본도 조선조처럼 주자학 일변도나 과거제에 의한 양반 계급의 고착화가 이루어지지 않아 우리나라처럼 철저하지 못하다. 우리나라의 경우 조선조 성리학의 발달과 더불어 관혼상제를 비롯하여 의례儀禮와 예절에 대한 학문적 연구와 토론이 지속적으로 진행되었다. 심지어 의례를 두고 당파 싸움까지 하였다.

《주자가례》를 모범으로 중국의 관혼상제를 조선조에서 받아들여 시행하면서 중국의 풍토와 맞지 않는 경우가 있고, 또 구체적 적용에 있어서 의문이 생기게 되어 결국 우리나라 실정을 감안한 관혼상제, 즉 사례四禮를 만들게 되었다. 그 책이 《사례편람四禮便

覽》이다. 관혼상제에 관한 한국식 매뉴얼인 셈이다. 오늘날 소위 '가정의례'의 의식儀式과 시행세칙은 모두 여기에서 나온 것이고, 거기에 한국인의 사회생활상에서 만들어진 관습이 더하여졌다.

이 의례는 과거 농경사회의 기반에서 만들어진 것이다. 근대화 이후 농촌인구의 감소로 그 기반이 무너지고, 산업화와 도시화, 거기에 따른 개인주의 의식의 보편화, 직업의 분화, 가족제도의 큰 변화, 또 다종교사회로 변화되어 가는 과정에서 이 의례는 지속하기 어려운 상황이 되었다. 그러나 옛 양반가문의 전통 존중 의식意識, 신분 상승 의식 등에 의해 이 예교가 아직 잔존하고 있다. 한때 '가정의례준칙'이 공포되어 강제로 상례喪禮의 몇몇 관습은 금하기까지 하였다.

이 책은 총 5권인데, 통례通禮에서 사당祠堂제도, 심의深衣제도를 논하고, 관례冠禮에서는 남자의 성인식과 여성의 성인식인 계례笄禮(비녀를 꽂음)를 설명하고, 혼례婚禮에서는 결혼예식, 상례喪禮에서는 장례의식, 그리고 제례祭禮에서는 제사의식을 논하고 있다. '사당'은 양반가에서 조상의 신주神主를 4대조까지 모시는 일종의 개인 신전神殿이다. 심의는 양반이 집안에서 입는 평상복으로 흰옷에 흑색 단(테두리)을 댄 옷으로 흑백의 콘트라스트에 의해 단순성, 순수성, 신성성을 나타내는 일종의 종교의복이다. 네 가지 중 '상례'가 제일 복잡하고 번잡하다. 이는 옛사람의 생사관과 관계가 있다.

《전습록傳習錄》

치양지致良知를 강조한 왕양명王陽明의 사상

송대에 주류 사상은 주자학朱子學이었다. 과거시험의 표준이 '사서四書'였기 때문이다. '사서'는 주자朱子가 주해(해석)를 붙인 '사서집주'가 대표 교재였다. 주자는 그에 들어가는 입문서로 보완 교재인 북송北宋 시대 네 사람의 선배학자의 성리학설性理學說을 모아 《근사록》을 편찬했다. 명대에 와서도 여전히 과거제도 때문에 선비들이 주자학 교리를 절대화하고 거기에만 매달렸다. 말하자면 관학官學인 주자학이 형식화되고 절대화되어 서양 종교에서처럼 일종의 종교적 폐단이 나타난 것이다.

이때 독서와 이론에만 치우친 학문 경향을 반성하고 유교의 본래 이념인 나의 인격 수양과 치국평천하의 사회 참여를 일치시키려는 운동이 일어났다. 동시에 유교를 사대부만의 학문이 아닌 모든 사람의 마음과 생활에 지혜를 주는 학문, 혹은 신앙으로 일반화, 즉 해방시키려는 시대 흐름과도 호흡을 같이했다. 일종의 종교 개혁, 주자학 개혁이 이루어졌다.

주자는 《대학》 속의 '격물치지格物致知'라는 문구를 자기 학문의 모토로 내걸었다. 이것은 유교 도덕적 실천에는 마음이나 양심도 중요하지만, 객관적인 사물에 대한 광범위한 지식(책을 통한 간접적인 지식 포함)이 필요하다고 보았기 때문이다. 그가 《근사록》에서 우주를 설명한 '태극도설太極圖說'을 맨 앞에 둔 것도 이 우주(자연)에 대한 명확한 지식이 없으면 인간에 대해서도 정확히 알 수 없다는 데서 나왔다. 과학과 인문학, 철학과 종교의 융합인 셈이다. 이 학설 때문에 유교가 '예법학'이 아닌 '성리학'이라는 철학으로 새롭게 등장한 것이다. 그러나 과거제도 때문에 그 폐단 또한 적지 않았다.

그래서 왕양명王陽明(1472~1528, 이름은 수인守仁)이 '지행합일知行合一', 즉 도덕에서 아는 것과 실행은 일치되어야 한다고 주장하였다. 그 바탕에는 왕양명의 기본 사상이 놓여 있는데, 그것이 '심즉리心卽理'와 '치양지致良知' 학설이다. 도덕에서 지행합일이 되려면 나의 마음의 본바탕 그대로 발휘되어야 한다. 그것이 가능하려면 마음의 본바탕이 순수하고 선해야 하는데, 마음은 우리가 기교를 부려 조작해서는 안 되므로 맹자孟子처럼 모든 사람의 마음은 착하다는 믿음이 있어야 된다. 이는 철학이 아니고 종교적 믿음이다. 이 믿음이 도덕적 실행을 추동推動한다. '양지'는 '양심良心'과 같지만, 왕양명은 이를 중요시한 나머지 나중에는 절대화하여 우주의 본체로 끌어올리고, 이 마음이 없으면 객관적인 사물 인식도 불가능하다고 했다. 불교의 유식론唯識論처럼 '유심론唯心論'의 성격을 보인다.

이 책은 왕양명이 제자들과 문답한 어록語錄인데, '전습'은 《논어》에 나오는 증자曾子의 말에서 따왔다. 사상서이어서 일반인이 읽기에는 어렵다. 조선조에서는 주자학 때문에 이단시되었다.

《명이대방록明夷待訪錄》

군주제君主制를 넘어 민주제民主制로

'명이明夷'는 《주역》의 괘卦 이름으로 밝은 것이 땅속으로 들어가 꺼지는 것을 말한다. 지금 상황이 '명이'의 상황, 즉 명나라가 망하고 오랑캐인 만주족이 중원을 지배하는 상황이지만, 곧 밝은 세상(중화민족이 지배하는 세상)이 온다고 확신하고 그 때를 기다린다는 뜻이다. 일종의 정치비판서이면서 옳은 정치의 방법을 제시하는 정치개론서인데, 명나라 멸망의 반성을 담고 있다. 명말의 유학자 황종희黃宗羲(1610~1695)가 1662~1663년경에 지은 책이다. 모두 13편이다.

그는 명나라 말기의 정치결사인 '동림당東林黨'의 영향을 받으면서 성장하였고, 그 뒤 문학인의 정치결사인 '복사復社', '독서사讀書社'에 가담하여 정치활동을 하였다. 명나라가 멸망한 다음에는 청나라에 대한 정치 활동을 벌였다. 만년에는 고향에 은거하여 철학, 역사에 관한 많은 저술을 남겼다. 그의 《명유학안明儒學案》은 명대 사상서로서 많은 학자들에게 영향을 주었다. 그는 청나라 조정으로부터 몇 번 초청을 받았으나 거절하고 명나라 유로遺老로 남았다. 이 책에서는 군주 전제를 비판하고 사대부 계급을 중심으로 하는 민주제를 주장하여 왕권체제 아래에서 독특한 정치론을 전개하였다. 청나라 말기의 혁명 운동에도 상당한 영향을 끼쳤다.

주요 논설을 추리면 다음과 같다.

〈원군原君〉에서는 '군주君主란 무엇인가'를 논하였다.(원原이란 '근본을 따져본다'는 뜻이다.) "옛날 요순시대에는 왕위를 독점하지 않고 서로 양보하였는데, 후세 군주들은 천하를 자기 소유물로 생각하여 자자손손 상속시키려 한다. 옛날에는 천하가 주인이고 군주는 그 종이었는데, 지금은 군주가 주인이고 천하를 종이라 한다. 이는 잘못된 것이다."

〈원신原臣〉에서는 우리가 벼슬길에 오르는 것은 군주를 위해서가 아니고 천하를 위해서라고 말한다. "천하 만민을 위한다는 생각이 먼저 들면 군주가 명령해도 도리에 벗어난 일은 해서는 안 된다."

〈원법原法〉에서는 법에 대해서 논하고 있다. "옛날 성왕은 백성에게 논밭을 주고, 뽕나무를 심게 하고, 학교를 세우고, 예법을 정하여 풍속을 바로잡고, 군역軍役을 부과하여 외적을 막고 치안을 유지하기 위해 적절한 법을 제정하였다. 그런데 지금의 법은 황제의 자리가 안전할까, 자손이 황제의 자리를 지키지 못할까 걱정하여 법을 제정한다. 이는 일족의 법이지 천하의 법은 아니다."

〈학교學校〉에서는 학교가 '인재 양성'에만 한정되지 않고, 범위를 확대하여 학교를 중심으로 인재들이 모여 공론을 조성하고 시정時政을 비판하는 기능을 해야 한다고 말한다. "천자도 자기 혼자 옳고 그름을 판단하지 말고, 문제를 공표하여 학교에서 그 옳고 그름을 판단하게 해야 한다."

《염철론鹽鐵論》

책 속에 펼쳐진 한대漢代의 경제토론회

이 책은 B.C. 50년경에 만들어진 것으로 경세(정치와 경제)에 관한 토론집이다. 논쟁의 초점이 '소금과 철의 전매 제도'에 있었으므로 염鹽(소금), 철鐵(쇠)이라는 이름이 붙었다. 그러나 내용은 이것뿐만이 아니라 당시의 정치, 경제, 방위, 도덕 등 광범위하다. 대화 형식으로 기록되어 있어 '기록문학'으로 선구적 작품이라 보기도 한다. 편저자는 환관桓寬이다.

B.C. 81년 한나라 선제宣帝 때 조정에서 '백성의 고통'을 주제로 회의가 열렸다. 민간에서 뽑힌 60여 명의 현량賢良, 문학文學(이들은 나중에 관리가 되는 후보생이다.)과 어사대부 상홍양桑弘羊 사이에 논쟁이 벌어졌다. 논의 초점은 무제 때 시행된 소금, 철, 술의 전매 및 균수법均輸法(지방 특산물을 세금으로 바쳐 국가재정에 충당)과 평준법平準法(정부에서 물품을 쌀 때 사서 비쌀 때 내다 파는 제도)에 관한 것이었는데, 상홍양이 이 법을 집행한 당사자였으므로 관심이 지대하였다. 현량과 문학들은 도덕의 입장에서, 상홍양은 법가사상의 입장에서 격론을 벌였다.

현량과 문학의 신진 학자들이 당시 실력자 상홍양과 대등하게 토론할 수 있었던 것은 그 배후에 당시 대장군 곽광霍光의 지원이 있었기 때문이다. 한나라는 건국 초부터 북쪽 흉노匈奴의 침략을 받았는데, 창업자 고조 때 화친和親을 맺고 공주를 시집보내며 매년 막대한 선물〔歲幣〕을 보내어 간신히 평화를 유지하였다. 문제, 경제景帝를 거쳐 무제에 이르러 제국을 건설하려는 계획하에 흉노와 겨루었다. 이를 위해 막대한 군비가 필요하였다. 한나라 초기의 이러한 사회적 배경이 '염철회의'를 개최하게 만들었고, 그 입안자는 곽광의 막료幕僚였다. 이 《염철론》은 모두 10권 60편이다. 내용을 예로 들어본다.

> 문학 : 국가가 백성과 이익을 다투자 백성들의 소박한 기풍이 사라져, 농업을 버리고 상업에 종사하려 한다. 소금과 철, 술의 전매를 금지해야 한다.
>
> 어사대부 : 흉노가 변경을 침략하여 방비를 굳건히 해야 한다. 그래서 전매와 균수법을 통해 국가 수입을 증대시켜 방위비에 충당했다.
>
> 문학 : 공자는 가난을 걱정하지 않고 부의 균배를 걱정했다. 인의와 도덕으로 백성을 교화해야 한다. 어진 왕이 군사비를 걱정해야 하느냐?
>
> 어사대부 : 변경을 지키는 장병들을 생각해보라. 전매와 균수법 폐지를 주장하는 것은 국가 전략에 대한 배려가 없고, 변경의 상황을 염려하는 마음이 없는 사람들이다.

이 대화를 가만히 보면, 유가와 법가의 이론이 충돌하고 있음을 알 수 있다. 천하의 '중국' 건설과 이웃과의 평화 유지, 중앙권력의 강화와 재야 지식인 및 지방 호족의 정치 참여, 이러한 첨예한 갈등을 조정하는 태도가 이 기록에 잘 나타나 있다.

《안자춘추晏子春秋》

안영晏嬰의 정치사상

B.C. 500년경에 만들어진 책으로 제齊나라의 재상 안영晏嬰의 언행을 기록한 것이다. 전국시대에서 한나라에 걸쳐 후세 사람이 그 일화를 모아 문답식으로 편집한 것이다. 일명 《안자晏子》라고도 한다.

공자와 거의 동시대 인물인 안영은 당시 관중管仲과 더불어 명재상으로 이름이 났고, 맹자孟子도 많이 인용한 바 있다. 두 사람 모두 제나라 사람이다. 총 8편 215장으로 이루어져 있다. 유묵儒墨 겸비의 사상에서 나오는 인정미 가득한 이야기와 지혜와 기지가 넘치는 이야기가 담겨 있다. 그러나 요체는 정치의 기본을 말하는 데 있다. '춘추'라고 한 것은 내편內篇의 이야기가 거의 연대순으로 정리된 데서 붙여진 이름이다. 두 가지 이야기를 예로 들어본다.

형벌은 신중하게 집행해야 한다 제나라 경공景公 때 어인圉人(말을 관리하는 직책)이 왕이 아끼는 말을 죽게 하였다. 경공은 화가 나 어인의 사지를 찢어 죽이라고 명했다. 이때 옆에 있던 안영이 "요순시대에 사지 중 어느 부분부터 찢었는지 왕께서는 아시는지요?" 라고 하였다. 그러자 경공은 어인을 옥에 가두라고 했다. 다시 안영은 말하기를 "그냥 가두면 안 됩니다. 제가 그의 죄목을 따져 무슨 죄를 저질렀는지 알게 한 다음 옥에 가두지요."라고 했다.

그리하여 안영은 그자에게 따지기를 "네 죄를 아느냐? 너는 3가지 죄를 저질렀다. 첫째는 너는 말을 관리하라 했는데 말을 죽였으니 직책을 완수하지 못했다. 둘째는 군주가 아끼는 말을 죽게 했으니 그것이 두 번째 죄이다. 셋째는 백성들이 군주께서 그 말 한 마리 때문에 사람을 죽였다고 알고 군주를 원망할 것은 물론, 제후들도 우리나라를 깔볼 것이다. 그러니 너를 옥에 가두는 것이다. 알겠느냐!"라고 하였다. 이 말을 들은 경공은 "그만 풀어주어라. 내가 잘못 생각했다."라고 하였다.

죄인도 함부로 죽여서는 안 된다는 의미이다.

안영의 기지機智 안영이 사신으로 초楚나라에 간 적이 있었다. 안영이 키가 작아 초나라에서는 그를 깔보고 골려주려고 관리를 시켜 왕궁의 정문인 대문 옆에 작은 문을 새로 만들어 거기로 들어오라고 안내했다. 그러자 안영이 말하기를 "내가 개의 나라에 왔다면 개구멍으로 들어가겠지만, 나는 초나라에 왔소. 그러니 이리로 들어갈 수야 없지요."라고 하자 관리는 큰 대문으로 안내하였다.

왕이 그를 만나보고 "제나라에는 그렇게도 인물이 없는가? 당신 같은 사람을 사신으로 보내다니."라고 비웃었다. 그러자 안영은 "인재야 비로 쓸 듯이 많지요. 다만 우리나라는 현명한 군주에게는 현신을, 어리석은 군주에게는 못난 신하를 보냅니다. 제가 어리석어 여기까지 왔습니다."라고 하니 초왕은 그만 입을 다물어버렸다.

《분서焚書》

참된 마음으로, 태워버릴 책을 쓰다

책 이름을 풀이하면 '태워버릴 책'이란 뜻이다. 1590년에 성립된 책으로 탁오卓吾 이지李贄(1527~1602)의 시문집인데, 스스로 그렇게 불렀다. 기성 윤리와 질서를 깨뜨린다는 뜻이다. 당시에는 매우 이단적인 생각이었겠지만, 오늘날의 관점으로 보면 진지한 구도자의 정신으로 쓴 것이다. 그의 생전에 몇 차례 나온 책은 《이씨분서李氏焚書》였는데, 기성관념과 반대되는 과격한 내용이어서 금서가 되었다. 이 《분서》 6권은 그의 사후에 편집, 증보된 것이다. 같은 체제로 이루어진 전 6권의 《속분서續焚書》도 있다. 조선 중기의 교산蛟山 허균許筠(1569~1618)과 비교될 만하다.

그는 중국의 남쪽 복건성福建省 출신으로 조상 대대로 해외무역에 종사했기에 선조들은 유교, 불교는 물론 천주교, 이슬람교까지 다양한 종교에 대해 이해를 가지고 있었다. 이런 점이 그에게 영향을 주어 넓은 안목을 가지게 하고 유교 사회의 모순에 대해 비판하게 만들었을 것이다. 그는 중년까지 유학과 노장사상을 연구하며 관리 생활도 하다가 50대 중반에 산에 은거하여 불전佛典을 탐독하고, 어느 사상이나 종교에도 구애되지 않는 자유로운 경지에 도달했다. 성격이 원래 괴팍한데다 당시 해외 사정에도 밝아 자연히 당시 중국 사회를 비판하게 되고, 그 말이 너무 지나치다

보니, 필화筆禍를 입게 된 것이다. 결국 이단으로 탄압받고 옥중에서 자결했다.(76세)

그의 주장 몇 가지를 살펴본다. 그는 남녀에 식견의 차이가 없다고 보았다. 그는 말하기를 "설령 여자라고 하더라도 바른말을 즐기고, 속된 말을 멀리할 줄 알며, 세상사에 연연하지 않는다면, 공자도 만나고 싶어 할 사람이다. 여자라는 이유 하나만으로 식견이 짧다고 하다니, 지나친 편견이네. 당사자인 여자는 얼마나 억울할까."라고 하였다.

또 그는 말하기를 "요즘 사람들은 스승이 하루라도 관직에서 벗어나면 배우려 하지 않는다. 마음으로 기뻐하고 존경하려는 사람도 없고, 그렇게 하고픈 스승도 없다. 그런 스승이 있다면 나는 그 사람을 위해 죽을 것이다."라고 하였다.

그는 또 동심童心에 대해 "동심이란 참된 마음이다. 동심이란 최초의 마음이 일어나는 본심이다. 자라면서 견문과 관습이 마음을 차지하여 동심을 잃게 된다. 그런 마음에서 나오는 말은 아무리 아름다워도 다 거짓이다."라고 하였다. 명대 양명학陽明學의 동심설과 같은 생각이다. 그래서 그를 양명학자로 보기도 한다. 그러나 그는 더 많은 창조적 식견을 가지고 있었다.

그는 또 말하기를 "조금이라도 훌륭하고 선한 점이 있는 사람이라면 하찮은 노예나 하인이라도 나는 머리를 숙인다. 나는 도량이 좁고 관용을 베풀지 못하는 사람인데, 권세에 빌붙고 부귀에 아첨하는 사람에게만 그러할 뿐이다."라고 하였다.

《회남자淮南子》

도가사상道家思想의 새로운 변주

전국시대 큰 나라 7국(7웅雄) 중에 진秦나라가 한비자의 법가사상을 채택하고 그의 친구 이사李斯를 재상으로 임명하여 군현제 행정조직으로 강력하게 중앙통치를 실현함으로써 부국강병을 이루고, 외교에 있어서는 원교근공遠交近攻 방법으로 천하를 통일하는 데 성공하였다.(B.C. 221) 진시황의 진나라가 등장한 것이다.

진시황의 군현제는 왕의 독재를 뒷받침하는 제도로서 그 후 2천년에 걸쳐 시행되었지만, 진나라는 15년 만에 망하고 한漢나라가 등장하였다.

한나라는 유학으로 사상 통일을 하고 국립대학을 세우고 '오경'을 편찬하며, 과거제도를 통하여 선비를 선발하고 관리로 임명하였다. 한나라 400년은 '오경'을 중심으로 한 경학經學이 학문의 전부였지만, '오경'은 마치 바이블처럼 절대적 권위로 선비들의 머리를 구속하고 말았다.

그러나 경학 이외에도 우수한 내용을 가진 사상이 없었던 것은 아니다. 한 왕조의 일족인 회남왕淮南王 유안劉安(?~B.C. 122)이 자기가 양성한 문하생들의 논문을 편집한 《회남자》가 있다. 이는 여불위가 편찬한 《여씨춘추》처럼 유가·도가·법가 사상이 섞인 잡가의 언술言述로 이루어져 있다.

한나라 초기 약 80년간은 황제黃帝(전설상의 고대 인물)와 노자老子를 추숭하는 도가사상, 즉 '황노학黃老學(황노도가)'이 유행하였으나, 《회남자》에는 장자莊子 사상의 색채가 강하다. 그러므로 논의가 매우 철학적이고 종교적이다. 예를 들면, "천지가 시작되고 나서 나라고 하는 인간이 태어나기까지 무한한 시간이 걸렸을 것이다. 또 내가 죽고 난 뒤에도 천지는 그 무한의 존재를 지속할 것이다. 그렇게 보면 5, 60년의 목숨밖에 살지 못하는 인간이 광대한 천하의 어지러움을 걱정하는 것은 황하의 물이 적다고 눈물 한 방울이라도 보태려고 하는 짓과 같으며, 하루살이가 2백 년 수명의 거북이 양생법養生法을 걱정하는 것과 같다. 그러므로 천하가 어지러워지는 것을 걱정하지 말고 자기 몸 다스리는 것을 즐기는 자야말로 함께 도를 논할 수 있다."라고 말한다.(〈전언훈詮言訓〉)

이 말은 유교가 천하를 걱정하고 백성을 잘 다스리려고 하는 노력과는 전연 다른 주장이다. 즉 종교적 인간의 모습을 그리고 있는 것이다. 원래 《장자》의 외편·잡편 내용에 '성명性命', '성명의 정情'이라는 말이 나온다. 이 말은 세속적이고 인위적인 도덕이나 예의 구속을 받지 않고 자신의 안에 있는 진실한 마음 그대로 산다는 의미이다. 즉 무위를 통해서 마음의 진실, 즉 천성을 발휘한다는 의미이다. 그러나 이것을 새롭게 해석한 경향이 《회남자》에 나타난다. 이 책이 여러 사람에 의해 쓰여졌기 때문이다.

《회남자》 속의 도가사상은 노장 사상 중에서도 장자에서 비롯된 것이 많다. 《장자》의 외편·잡편에 보이는 천성天性, 즉 자연 그대로의 마음으로 살아가라는 뜻이 담겨 있다. 세속적 도덕이나 예의의 속박을 벗어나 마음의 진실 그대로 산다는 의미이다.

그런데 《회남자》에는 이와는 조금 다른 해석도 있다. 즉 자연의 천성 안에 선善과 인의仁義가 이미 구비되어 있다는 주장이다. 예를 들면, "천성, 자연의 정情에 철저하면 거기에는 인의가 처음부터 구비되어 있다."(〈숙진훈俶眞訓〉), "마음이 처음의 상태로 돌아가면 인간의 본성은 선하다."(〈본경훈本經訓〉) 등이 그것이다. 이 말은 인의나 선은 어디까지나 '자연의 도'에서 생긴 것이고, 유가·묵가의 그것과는 다른 것이라는 주장이다. 이것은 유가의 사상과 섞인 것이다. 이런 생각은 원래 《장자》에서도 피력된 바 있다.

이에 따르면 자연의 정의 발로가 아버지에 대한 효도의 마음 바로 그것이라는 의미이다. 물론 유가의 의식적인 노력을 전제로 말한 효도와 자연의 정은 다른 것인데, 세속적인 유가의 도덕과 타협한 것이다.

여기에서 '자연'이라는 말이 새로운 해석을 낳고 있다. 원래 자연은 인위人爲의 반대인데, 반드시 그렇지 않을 수 있다는 것이다. 즉 "무위無爲라 함은 고요하게 소리도 없고 움직임도 없는 것으로 보는데, 나는 그렇게 생각하지 않는다. 신체를 움직이지도, 생각도 하지 않고 어떻게 살 수 있는가? 내가 말하는 무위는 사사로운 마음으로 자연의 이치를 왜곡하지 않는 것이다. 못의 물을 산위로 올리는 것은 작위이지만, 강물을 흐르게 하는 것은 자연이다. 사나운 말도 길들이면 마차를 끌 수 있고, 인간도 교육에 의해 자연의 성性을 변화시킬 수 있다."라고 하여 자연을 인위에 결합시키고 있다. 이것은 '무위자연無爲自然'에서 '유위자연有爲自然'으로의 전환을 의미하는 것이다.

원래 《회남자》는 B.C. 120년경 한나라 초기에 편찬된 백과전서로 신화, 전설에 관한 자료의 보고로 알려져 있다. 회남왕 유안은 한 고조의 손자로 그 아버지가 모반에 연루되어 죽었다. 유안은 원한을 품고 무제 때 반란을 획책했으나 발각되어 자살했다.

당시 중앙은 유가사상으로 통일하려는 움직임이 있어, 유안의 휘하에는 도가사상가들이 자연 모여들었다. 유안 역시 대가들의 도움으로 학설을 통일하고 자연과 인간 세상을 일관된 질서로 파악하려는 야심을 가지고 이 책을 편찬한 것이다. 그러므로 잡가의 성격을 띠게 된 것인데, 그중에는 유가와 도가의 갈등과 타협의 모습이 잘 나타나 있다. 신화전설 이야기로 '천지개벽天地開闢'이나 우리가 잘 아는 '새옹지마塞翁之馬' 이야기도 여기에서 나왔다.

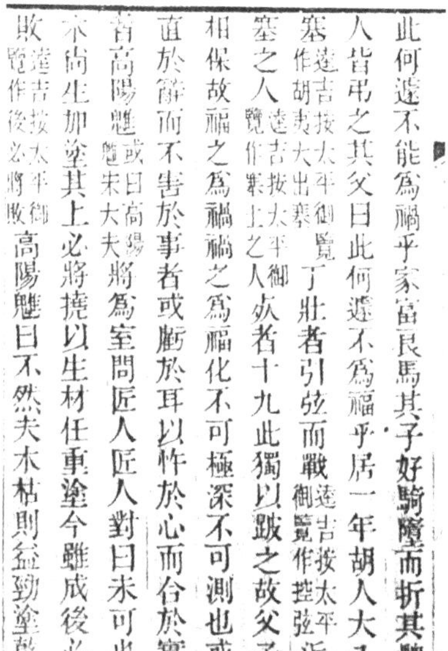
此何遽不能爲禍乎家富良馬其子好騎墮而折其髀
人皆弔之其父曰此何遽不爲福乎居一年胡人大入
塞(遽吉按太平御覽作胡大出塞)丁壯者引弦而戰(遽吉按太平御覽作控弦)近
塞之人(遽吉按太平御覽作塞上之人)死者十九此獨以跛之故父子
相保故福之爲禍禍之爲福化不可極深不可測也或
直於辭而不害於事者或虧於耳以忤於心而合於實
者高陽魋(魋或曰高陽魋宋大夫)將爲室問匠人匠人對曰未可也
木尚生加塗其上必將撓以生材任重塗今雖成後必
敗(遽吉按太平御覽作後必將敗)高陽魋曰不然夫木枯則益勁塗乾

《회남자淮南子》 새옹지마塞翁之馬

《논형論衡》

고대 소박한 유물론자의 사회비평

한나라 시대 특이한 사상가 한 사람이 있다. 그가 왕충王充(27~100)이다. A.D. 90년경에 만들어진 왕충의 《논형》(38권 85편)은 후한 말에서 육조시대(위진남북조 시대)에 걸쳐 많은 지지를 받았고, 큰 영향을 주었다. 《논형》이라는 책 이름에 대해 왕충은 "말의 경중을 따져 그 진위를 저울에 달아본다."는 뜻이라고 했다. '형衡'은 '저울'이라는 뜻이므로 '논형'은 요즘 말로 하면 '시대 비판'에 해당한다. 왕충은 합리주의 입장에서 당시의 유행사상을 철저하게 비판하였다. 그러므로 어떤 학자는 그를 소박한 유물론자라고 한다.

한나라 때의 주류사상은 유교인데, 그 유교에는 종교적 신비주의 경향이 있었다. 미신적인 예언을 말하는 참위설讖緯說(예언설)도 유행했고, 거기에 천인상관설天人相關說이 지식인들에게 널리 받아들여졌다. 이 설은 동중서의 《춘추번로》에서 제기됐는데, 정치와 자연현상이 연관되어 대응한다고 본 것이다. 왕충은 이 설이 근거가 없다고 생각했다.

당시 천인상관설은 크게 유행하여 천재天災가 있을 때마다 천자에게 상소하여 실정失政을 논하는 일이 비일비재하였고, 때로는 재상이 책임을 지고 사직하기도 했다. '천재'는 '하늘의 재앙'이라는 뜻으로 오늘날로 말하면 천체운행의 이상, 기상이변, 자연재해 등 당시로서는 과학적 설명이 잘 안 되는 일을 일컬었는데, 여기에 정치의 과오를 연관시켜 말하였던 것이다.

왕충은 하늘은 자연물이므로 인간 감정이나 마음을 가지고 있지 않고, 따라서 정치와 전연 상관이 없다고 설명하고 그런 생각을 미신이라고 비판하였다. 그는 합리주의자였다. 그는 당시 양자강 이남에서 생애의 대부분을 보내, 중앙 정부를 객관적으로 볼 수 있었던 것이 이러한 합리주의 사상을 낳았다.

그는 말하기를 "하늘은 운동하지 않으면서 만물을 낳는다. 그러나 하늘이 만물을 낳고자 해서 낳는 것은 아니고, 그 무심無心의 변화 중에서 만물이 자연히 생기는 것이다. 그 변화의 발생은 자연이고 무위無爲이다."라고 하였다.(〈자연편自然篇〉)

왕충이 하늘을 무위자연으로 본 점은 노자와 유사하다. 그는 스스로 "유가의 설과는 다르지만, 황로학의 뜻에는 맞다."라고 한 바도 있다. 그러나 노자의 무위자연은 인간 생활의 이상이 되는 것이고, 하늘은 인간을 품는 어머니와 같은 존재였지만, 왕충의 하늘은 인간의 작위와 확연히 구별되는 것으로 간주했다. 유가인 순자의 생각과 같다. 순자는 일찍이 하늘의 운행과 인간의 문명 창조를 위한 노력은 엄연히 다르다고 보았다. 이것은 당시로서는 매우 합리적이고 비판적인 생각이었다. 왕충의 이런 점 때문에 과거 중국의 공산정권하에서는 그를 '유물론자'로 높이 평가했다.

이러한 '천인天人 구분론'은 유가의 순자도 이미 했으나, 왕충이 당시 대제국 한나라의 사회적 기풍을 비판한 것은 사상사적으로 의의가 있다.

그의 이러한 사고방식의 특색과 함께 참고할 만한 것은 그의 '숙명론'이다. 이는 일종의 '성명론性命論'인데, 《장자》〈외편〉·〈잡편〉에서 이미 '성명'이라는 용어로 제시했다. 그 후 일반적으로 이 말이 널리 쓰였다. '성명性命'의 '성'은 '천성天性', 즉 인간의 본성·본질을 말하고, '명'은 '천명天命'으로 인간의 밖에서 인간을 지배하는 운명을 가리킨다. 그 후 이 성명에서 '생명'이라는 말이 전화轉化되어 나왔다.

그런데 이 성과 명은 어떤 관계에 있는가? 자고로 인과관계로 보아 성에서 나타난 인간 행위의 선악이 원인이 되어 인생의 길흉을 낳고, 사람들은 이를 운명, 곧 천명이 그렇다고 한다고 하였다. 이는 동중서의 천인관계설이 말하는 인간의 행위가 하늘의 상서와 재앙으로 나타난다는 생각과 같은 것이다.

천인 단절을 주장하는 왕충은 이에 대해 부정적 생각을 갖고 있었다. 다시 말하면 선악은 인간 본성에서 나타나는 것이고, 화복禍福은 하늘에서 나오는 것이라 보았다. 이 선악과 화복은 전연 다른 관계이다. 그런데 우리는 '선인선과善因善果', '악인악과惡因惡果'라고 여긴다. 그럴 수 있다. 그러나 선인이 불행할 수 있고, 악인이 복을 받는 경우도 있다. 그러므로 왕충은 선인선과, 악인악과는 필연적으로 언제나 그런 것이 아니고, '우연'이라고 한다. 사마천은 일찍이 '선인이 왜 불행한가.'라 하면서 유교의 의무윤리에 회의를 표시한 바 있다.

왕충은 선인만 불행한 것이 아니라 보통 사람도 그렇다는 것이다. 즉 세상은 모순에 가득 차 있다는 말이 된다. 그러므로 왕충은 사후세계를 믿지 않았다. 그는 "만약 사후에 귀신이 있다면, 그동안 죽은 사람의 수를 보면 엄청나기에, 살아 있는 사람이 길을 가다가 자주 부딪칠 만도 한데, 그런 말은 들어보지 못했다."라고 한다. 왕충 역시 유교에 숨어 있던 한계와 비극성을 폭로한 것이다.

오늘날 과학의 발달로 도덕과 행복을 막연히 갖다 붙이지는 않는다. 또 인간을 영육靈肉 갈등관계로 단순화하지도 않는다. 그러면서 모든 철학과 종교는 인간의 의지, 노력, 희망을 말한다. 과연 맞는 말일까? 엄밀히 말하면 인간의 의지 노력도 이미 유전인자(DNA)에 프로그래밍(계획)되어 있다고 할 수 있지 않을까? 이렇게 되면 운명론에서 한 걸음 나아가 '숙명론'이 된다. 왕충의 논의를 밀고 나가면 이렇게 말할 수도 있다. 철학적 화두이다.

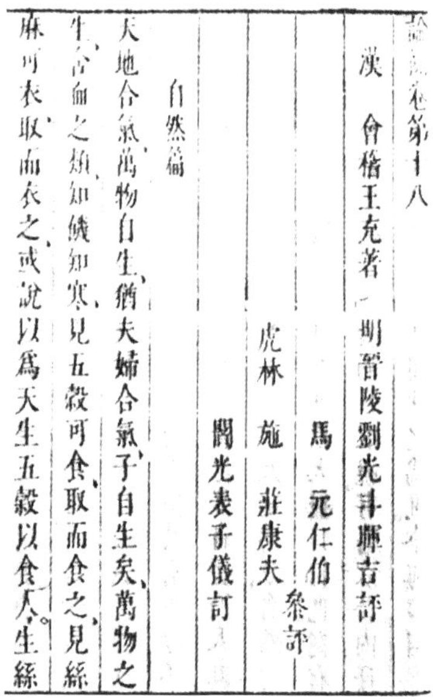
論衡卷第十八
漢 會稽王充著 明 晉陵劉光斗暉吉評
馬 元仁伯
虎林 施 莊康夫 參評
閻光表子儀訂
自然篇
天地合氣，萬物自生，猶夫婦合氣，子自生矣。萬物之生，含血之類，知饑知寒，見五穀可食，取而食之，見絲麻可衣，取而衣之。或說以爲天生五穀以食人，生絲

《논형論衡》

《여씨춘추呂氏春秋》

시대전환기 여러 사상의 교류와 혼합

'잡가'라고 하면 이상하게 생각할지 모르겠지만, 중국 고대 전국시대(B.C. 403~B.C. 221) 말기 제자백가가 서로 영향을 주어 섞이는 경향이 나타났다는 것이다.

당시 지금의 산동성에 있던 제齊나라의 위왕威王이 수도 임치臨淄의 궁성 남문, 즉 직문稷門 가까이에 연구소를 짓고 천하의 많은 학자들을 초빙하였다. 다음 왕 선왕宣王 때에는 이 연구소를 더욱 확대하여 학자들을 초빙하고, 이들에게 정치적 직분은 없이 오로지 학문 연구와 토론에만 전념하도록 시혜施惠하였다. 이들을 '직하稷下의 학사學士'라고 불렀다.

그 다음 왕 양왕襄王 때에는 순자荀子도 이곳을 방문하여 연구소장의 직위에 있으면서 여러 학파의 학설을 참고하였다. 그래서 순자의 학설은 당시 직하학의 대세를 이루었던 도가사상에 대항하여 나온 유가 옹호 학설의 성격이 짙은 것이다. 순자는 말하기를 "장자는 하늘(자연)에 가리어 인간(도덕)을 모른다."라고 한 바 있다.(〈해폐편解蔽篇〉)

이와 반대로 법가의 입장에서는 도가에 접근한 경우가 많다.(《한비자》의 〈해로편解老篇〉, 〈유로편喩老篇〉) 반대로 도가가 법가에 접근한 경우도 있다. 이처럼 전국 말기에는 제자백가 사이에 교류가 왕성해져 소위 '잡가'라는 것이 생겼다. 그 전형적인 예로서 《관자管子》를 들 수 있다. 이 책은 춘추시대(B.C. 770~B.C. 403) 정치가로 알려진 관중管仲의 저서로, 전국시대 말 법가계 학자들의 논의를 모은 것이다. 그 주 내용은 물론 법가가 주류이나 유가나 도가적 요소도 많이 섞여 있어 잡가의 성격이 강하다.

그러나 잡가의 대표적인 저술은 역시 《여씨춘추》를 말하지 않을 수 없다. 진시황의 재상이었던 여불위呂不韋(B.C. ?~B.C. 235)가 문하에서 식객食客(자문역)으로 길렀던 학자들의 논문을 편집한 것이다. 당시 그의 식객이 3천 명을 헤아렸다고 한다. 이 책을 보면 유儒·묵墨·도道·법法 및 기타 제가의 학설이 망라되어 있어 잡가의 책인 것을 알 수 있다. 그러나 각기 자기 학설을 유지하기보다 절충적 성격을 보이고 있다. 예를 들면, "현명한 사람과 어리석은 사람을 처리하는 방법은 각각 다르다. 어리석은 사람을 부릴 때는 상벌賞罰로 다루고, 현명한 사람을 부릴 때는 의義로써 한다."(〈지분편知分篇〉)라는 말은 현명한 사람은 유가의 도덕으로, 어리석은 사람은 법가의 상벌로써 대하라는 뜻이다.

이와 같이 여러 학설을 모아놓은 것이 분명하지만, 큰 비중을 차지하고 있는 것은 도가사상이다. 진시황이 천하통일을 할 때는 법가사상으로써 하였지만, 《여씨춘추》는 그보다 훨씬 전에 이루어졌으므로 이상할 것은 없다. 또 노자와 장자 사상을 인용하는 의도도 원래 그 사상과는 멀리 떨어진, 군주의 절대 권력을 강화하려는 목적이었다.

《당시선唐詩選》

문학의 최고봉, 당시唐詩를 가려 뽑은 책

1570년에 만든 책으로 당시唐詩 선집이다. 시인 130명의 작품 465수가 실려 있다. 전 7권으로 시를 형식별로 분류했다. 명나라 시인 이반룡李攀龍이 편집한 것으로 명나라 말기에 출판되었다. 그는 시는 성당盛唐(713~766, 당 전성기)의 시가 제일이라 하며 명 중기 이후 고전주의 문학운동을 일으킨 인물이다. 명 말기에서 청 초기 널리 독자를 확보했다. 그러나 뒤에 위서僞書로 판정이 났다. 이반룡이 죽은 뒤 어떤 출판업자가 다른 선집에서 적당히 작품을 가려 뽑아 이반룡의 서문을 붙여 판매했다는 것이다.

한시漢詩는 중국 한자문화에서 빼놓을 수 없는 독특한 문학 형식이다. 한자는 상형문자이므로 그 문장은 상징에 매우 능하여 일정한 형식만 빌리면 독특한 문학이 되어 지식층의 도락道樂, 즉 고상한 즐길 거리가 될 수 있다. 한자 문화권에서 지식인의 문집에 이 시가 보편적으로 많은 이유도 거기에 있고, 형식미에 갇혀 비슷한 내용의 한시가 많은 것도 그 이유이다.

그래서 선비들이 "이제 시를 그만 짓자."고 스스로 절제하기까지 할 정도로 중독성이 강하다. 그러므로 이 책은 오랫동안 미학적美學的 만족을 주었는데, 이는 단순히 문학작품 읽기에 그치지 않고, 앞으로도 한자가 있는 한 생명이 지속될 것이다.

짧은 시가 '오언절구五言絶句'나 '칠언절구七言絶句'인데, 이러한 형식의 시 내용을 직역하면 우리나라 '시조'와 비슷한 형식이 된다. 단언할 수 없지만, 영향을 짐작할 수 있다.

또 한시는 자연 경치와 그것을 보는 인간의 마음을 대조시켜 음양조화의 기법으로 지음으로써 미학적 아름다움을 엮어내었고, 그것을 읊을 때 운율도 살아나도록 한자음의 고저를 안배하여 시각적 효과와 소리의 효과를 동시에 내도록 한 것이 특징이다. 또 주제가 그 당시 시대상, 인간 세상의 각종 고뇌와 사회 부조리를 다루고 있어 문화사적 의미도 있다. 몇 편 감상해보자.

두보杜甫의 〈절구絶句〉

강물 푸르니 새 더욱 희고,
산이 푸르니 꽃은 붉게 타네.
올 봄도 이제 다 가는데,
나는 언제 고향 돌아가나!"

유종원柳宗元의 〈강설江雪〉

온 산에 새들도 날지 않고,
길에는 사람 발길도 끊겼는데.
강 위의 배 한 척 어느 노인이,
혼자 눈 덮인 강에서 낚시하고 있네.

두보 시는 봄 풍경을 색채감 있게 대조시킨 것이고, 유종원의 시는 눈 내리는 겨울 강의 적막함 속에서 낚시라는 작은 움직임을 대조적으로 표현하였다.

이백李白의 〈산중문답山中問答〉

당신은 왜 산속에 사느냐 묻기에,
웃으며 대답도 않고 있어도 마음은 여유롭네.
복사꽃이 시내 따라 흐르는 이곳,
바로 속세 아닌 별천지네.

1763년 청나라 때 손수孫洙가 아동교육용으로 편찬한 《당시삼백수唐詩三百首》도 많이 읽힌다.

최북崔北, 〈한강조어도寒江釣漁圖〉

사마천司馬遷이 제기한 화두話頭

하늘은 과연 착한 사람의 편인가?

사마천은 동양문화권에서 불멸의 역사 고전인 《사기史記》를 저술한 인물이다. 이 책은 물론 역사서이므로 사마천의 이야기도 역사 영역에서 논해야 하겠지만, 한나라 시대 중요한 위치를 차지하고 있었고, 또 사마천이 유교가 안고 있는 중요한 철학적 화두를 제기하고 있어 소개하려고 한다. 한나라 때의 유교는 국가 이념이고 지식인의 가치관으로서 절대적 권위를 가지고 있었지만, 사마천은 이러한 유교에 대해 의문을 가졌다.

《사기》의 〈열전列傳〉은 여러 사람의 전기를 모은 것으로, 〈백이전伯夷傳〉부터 시작한다. '백이'는 '백이·숙제'로 잘 알려진 인물로 은殷나라의 제후 고죽군孤竹君의 아들이다. 주周나라 무왕武王이 은나라 주왕紂王을 치려 하자 말리다가 무왕이 듣지 않자 수양산에 들어가 굶어죽었다. 일찍이 공자가 평하기를 "인仁을 찾아서 인을 얻었으니 무엇을 원망했겠는가."라고 한 바 있다. 그러나 사마천은 백이·숙제가 죽을 때 남긴 시를 증거로 그가 성인 군주가 없는 이 세상과 자기의 신세를 한탄했다고 말하고 있다.

사마천은 "세상에는 '천도天道는 반드시 착한 사람의 편이 된다.'라는 말이 있다. 그런데도 백이 같은 착한 사람이 왜 불행을 만나지 않으면 안 되었을까? 백이만이 아니다. 공자의 제자 70명

중 가장 뛰어난 인물이었던 안회顔回는 끼니조차 굶을 정도로 빈궁한 생활을 하다가 일찍 세상을 떴다. 이와 반대로 도척盜跖과 같은 이는 부하를 거느리고 천하를 돌아다니면 사람을 죽이고도 자신은 천수를 누리며 살았다. 이런 사례는 무수히 많다. 그러니 하늘의 섭리는 과연 올바른 것인가? 천도가 잘못된 것이 아닌가. 의심스럽다."라고 한다.

《서경書經》에 "천도는 선善에 복福을 주고 악惡에 화禍를 내린다."라는 말이 있다. 이는 도덕을 지키는 자에게 용기를 주는 말이지만, 사마천은 역사적 사실과 맞지 않는다고 본 것이다. 공자는 백이가 인仁이라는 도덕을 얻어 만족감을 느끼고 행복했다고 하지만, 사마천은 이러한 유가의 행복론에 만족할 수 없었다.

원래 유교는 인생을 도덕적으로 올바르고 떳떳하게 사는 것을 목적으로 하였지 세속적인 행복을 겨냥하지 않았다. 따라서 도덕적 삶에 수반되는 인생의 불행에 대해서는 언급하지 않았고, 별 대안을 제시한 것도 없다. 앞에 제시한 사마천의 주장은 자신이 궁형宮刑을 당한 비운의 입장이 반영된 것이기는 하나 유교의 한계를 잘 지적한 것이다.

지식인은 그나마 정신적 행복을 느낄 수도 있지만, 일반 백성들은 어처구니없는 불행을 위로받을 데가 없었다. 이러한 유교 사회의 분위기로 인해 그 후 불교가 들어오자마자 빠르게 세를 확장했던 것이며, 일반 백성들은 특히 '삼세보응설三世報應說'에 깊이 매료되었다.

사마천司馬遷의 《사기史記》

동양역사의 비조鼻祖 사마천의 표준 역사서

사마천의 《사기》는 동양문화권에서는 유명한 역사서로 잘 알려져 있다. 특히 〈열전列傳〉(여러 인물의 전기집) 부분은 한 편의 훌륭한 작품집으로서, 인간 탐구의 재미도 있고 또 삶의 교훈도 얻을 수 있다. 문장도 훌륭하여 조선시대 문인들도 즐겨 읽었다.

이 책은 B.C. 90년경에 만들어진 것으로 〈본기本紀〉(왕조흥망사)를 기본으로 하여, 〈표表〉(연표年表), 〈서書〉(예제禮制, 역법曆法, 법제法制, 치수治水 등의 제도), 〈세가世家〉(제후들의 계보), 그리고 〈열전〉 등 5부로 구성되어 있다. 특이한 것은 공자가 제후는 아니었지만 특별히 〈세가〉로 다루어져 있는 점이다. 총 130권. 이런 서술 방식을 기전체紀傳體라고 부른다. 중국의 전설시대로부터 하, 은, 주의 춘추전국시대, 진秦 제국의 통일과 멸망을 거쳐 B.C. 2세기 한漢 제국의 초기에 이르기까지 방대한 역사가 기록되어 있다.

이 시대는 사상적으로나 사회경제적으로 인류사의 대변혁기에 해당하는데, 이 책은 이러한 시대를 이해하는 데 매우 훌륭한 자료라 할 수 있다. 역사 자료로서뿐만 아니라 문학서로도 널리 읽히는 이유는 사마천이 역사가로서의 객관적 시각과 냉철한 관찰을 통해 기록한 인간 삶의 생생한 모습이 잘 나타나 있기 때문이다.

그리고 기전체라는 입체적 역사 기술법이 그 후 중국 역사 기술의 전범이 되어 면면히 이어졌다는 점 또한 이 책의 가치를 더한다. 그 이전 역사 기술은 편년체로 시간대별로 왕을 중심으로 한 사건을 엮는 것이었으나, 이 책은 오늘날로 말하면 문화사의 영역을 거기에 더하여 인간 역사를 풍부하고 자세히 다룬 것이 특징이다.

사마천司馬遷

사마천은 생몰연대가 불확실하지만 B.C. 2세기에서 B.C. 1세기 사이 한 무제 시대에 살았던 것은 분명하다. 그는 아버지 사마담司馬談의 뒤를 이어 태사령太史令(사관史官의 우두머리)이 되어 역사 편찬에 종사했는데, 비운의 패장 이릉李陵을 변호하다 옥에 갇히고 궁형宮刑을 당하는 굴욕을 겪기도 하였다.

그는 그 굴욕을 역사 편찬으로 극복하려고 했다. 그러므로 그는 자신의 전기(〈열전〉 권70)에서 "나는 궁형을 당한 다음 깊이 생각해보았다. 공자는 천하주유의 고난 속에서도 《춘추》를 지었고, 굴원屈原은 추방된 뒤 걸작의 장시 〈이소離騷〉를 지었고, 좌구명左丘明은 눈을 실명한 뒤 《국어國語》를 편찬했다. 이처럼 인간이란 마음에 불만이 쌓이고 자유가 구속될 때 과거를 돌아보고 앞날을 생각하게 된다."라고 하였다.

《사기》 연구자들은 이렇게 말한다. 《사기》의 음울한 표현과 날카로운 통찰, 그리고 부조리에 대한 분노 등에는 이러한 사마천의 사연이 배경을 이룬 것이 분명하다고.

《사기》에 나오는 잘 알려진 고사 몇 개를 들어본다.

강태공 이야기

강태공 하면 낚시로 시간을 보내며 때를 기다린 현자로 알려져 있다. 본명은 강상姜尙이고, 그의 선조가 여呂 땅에 봉해졌으므로 여상呂尙이라 칭하기도 한다. 주나라 창건에 공이 있어서 지금의 산동 지방을 봉토로 받아 제齊라는 제후국으로 800년 가까이 번성했다.

여상은 동쪽 바닷가에서 낚시를 하고 있다가 주나라 문왕을 만났다. 문왕은 그의 자질과 인간됨을 알아보고 궁중으로 모시고 갔다. 여상은 그의 군사 참모가 되어 주나라 건국에 큰 공을 세웠다.

문왕을 이어 천하를 평정하고 실제 주나라 왕조를 건설한 무왕도 섬겼는데, 무왕이 선왕인 문왕(태공)이 '바라던〔望〕' 인물이라 하여 '태공망'이라고 불렀다. 주로 군사전략에 대해 조언하여 무왕의 천하통일을 도왔으므로 후세에 병법이나 권모술수를 논하는 사람들이 태공망을 시조로 삼는다. 병법에 관한 저술이 전해진다.(〈제태공망세가齊太公望世家〉)

송양지인宋襄之仁

쓸데없이 인정을 베푸는 것을 '송양지인'이라 한다. 송나라는 하남河南(중국의 중심부)의 작은 나라인데, 양공襄公은 제후의 맹주가 되려는 야심이 있었다.

그러던 중 송나라 군대와 남쪽 초나라 군대가 싸우게 되었다. 그리하여 두 나라 군대가 강을 사이에 두고 대치하고 있었는데, 양공의 근신近臣이 송나라 군대 수가 적으므로 수가 많은 초나라 군대가 강을 건너기 전에 공격해야 된다고 권하였다. 그러나 양공은 듣지 않고 기다렸다. 결국 양공은 부상을 입고, 송나라도 패했다.

그 뒤 사람들이 어리석다고 말하자 양공은 "적이 전열을 가다듬지도 않았는데, 그 틈을 이용하여 적을 치는 것은 군자의 도가 아니다."라고 하였다.(〈송미자세가宋微子世家〉)

천도天道는 과연 있는가

사마천은 〈열전〉에서 천도의 문제를 제기하였다. 〈열전〉에 첫 번째로 실린 인물이 백이伯夷와 숙제叔齊이다. 두 형제는 무왕이 천하통일을 위해 은나라를 멸할 때 그 제후국 고죽국孤竹國(발해만 위에 있었음)을 치려 하자 아직 선왕(문왕)의 장례도 끝나지 않았는데 군사를 일으키면 안 된다고 말고삐를 붙잡고 말렸다. 무왕이 듣지 않고 목을 치라고 하였으나 태공망이 의인義人이라 하며 살려주었다. 이후 수양산에 들어가 고사리를 캐먹다가 아사하였다. '청렴한(절조 있는) 선비'의 대명사로 회자된다.

또 공자 제자 안회顔回는 가난하면서도 도를 즐겼으나 일찍 죽었다. 그러나 큰 도둑 도척盜跖은 악행을 저지르면서도 잘 먹고 오래 살았다. 그러므로 사마천은 과연 이 세상에 천도가 있는가 하

고 회의를 표시하였다.(〈백이열전伯夷列傳〉)

앞서 언급한 것처럼, 〈열전列傳〉 70권은 한 편의 훌륭한 작품집으로서 특색이 있다. 고대 통일국가 주나라 이후 50개 제후국 가운데 살아남은 전국칠웅戰國七雄의 흥망성쇠를 주축으로 하여 수많은 인물들의 이야기를 생생하게 그리고 있다. 일종의 인물전기인데, 여기에는 성인·현자와 같은 훌륭한 사람, 모범적인 사람뿐만 아니라 각종 인간 군상을 망라網羅하여 그리고 있다.

예를 들면 부국강병을 도와줄 책략가(정치가), 전쟁 경험이 풍부한 전략가, 덕과 지혜를 갖춘 장수, 당시 여러 나라를 다니며 외교 전략을 펴는 소진蘇秦·장의張儀 같은 웅변가, 공자 및 그 제자와 같은 이상주의 도덕을 가지고 세상을 구해보려는 철학가 등 많은 인물들이 등장한다.

〈자객열전刺客列傳〉은 죽음을 무릅쓰고 적지에 뛰어드는 충신과 지조 있는 사나이들의 모습을 보여준다. 〈화식열전貨殖列傳〉은 '백성은 입고 먹는 것부터 풍부해야 한다.'는 유가의 왕도사상에서 출발했지만, 상업의 장려, 재화 유통의 중요성, 직업에 귀천이 없다는 사상 등을 피력하고 있다. 〈편작·창공열전扁鵲倉公列傳〉은 한의학에 관한 내용이며, 〈노중련·추양열전魯仲連鄒陽列傳〉에서는 선비가 귀하게 여겨지는 이유를 적고 있고, 〈굴원·가생열전屈原賈生列傳〉에서는 혼탁한 세상에 지친 지식인의 좌절을 그리고 있다.

또한 〈혹리열전酷吏列傳〉에서는 청렴한 관리와 가혹한 법 집행의 관리가 언급되면서 한 무제의 무모한 정치를 비판하고 있다.

〈유협열전遊俠列傳〉은 속칭 깡패집단을 말하는데, 사익私益을 취하는 자와 정의를 도모하는 자로 구분하면서도, 이들을 하나의 군상으로 다룬 것이 특이하다. 〈골계열전滑稽列傳〉은 해학과 만담漫談의 풍자가를 다루고 있다. 〈조선열전朝鮮列傳〉 등 4종의 변방 지역 민족들을 다루고 있으나, 〈일자열전日者列傳〉, 〈귀책열전龜策列傳〉에서 고대 점술에 관한 것 등은 역사적 자료이기도 하다. 마지막에는 〈태사공자서太史公自序〉 즉, 사마천 자신의 전기를 싣고 있다.

사마천이 다룬 인물의 대부분은 뜻을 이루지 못하고, 현실에서 비극을 체험한 인물들인데, 이는 그의 역사관과 개인의 처지가 반영된 것이다. 이 열전에서 사마천은 대립과 갈등, 배반과 충정, 이익과 손실, 도덕과 욕망 등에 얽힌 인간 모습을 인간 사회의 참모습이라 보고 그대로 그려내려 하였다. 한편 《한서漢書》〈사마천전〉을 쓴 반고班固는 사마천이 성인을 왜곡했다든가, '유협'이나 '화식'을 다룬 것을 비판하기도 했다. 이 열전은 문장이 훌륭하여 대대로 문학가의 애호를 받았다. 하지만 분량이 굉장히 많아 오늘날은 발췌하여 읽어도 좋으리라 본다.

《한서漢書》

소무蘇武와 이릉李陵의 처세

《사기史記》의 저자 사마천은 비운의 장수 이릉을 변호하다 궁형이라는 형벌을 받고 고통과 울분 속에서 명저를 남겼다. 그 이릉은 어떤 사람이었을까? 《한서》에는 훌륭한 사람으로 묘사되어 있지 않다. 사마천은 이릉이 처했던 시대와 당시 상황이 여의치 않았던 것을 고려하여 옹호하였던 것 같다. 《한서》에서는 이릉과 충직한 신하 소무蘇武를 비교하여 기술해놓았다.

한나라의 사절로서 흉노 땅에 들어간 소무는 부하가 그곳 궁정 음모에 휘말리는 바람에 사로잡히고 말았다. 흉노의 왕은 소무를 바이칼호(북해) 부근으로 귀양을 보냈다. 한편 5천 명의 군대를 이끌고 흉노 땅에 들어간 이릉은 몇 배나 많은 흉노 군대와 싸워 선전했으나 그만 사로잡히고 말았다. 한 무제는 이릉의 참패를 이유로 일족一族을 죽여버렸다. 나중에 이 사실을 안 이릉은 흉노에 귀순하여 높은 벼슬까지 얻었다.

흉노 왕은 이릉을 바이칼호에 가 있는 소무에게 보내 만나보고 오도록 했다. 소무와 이릉은 한나라에 있을 때 함께 궁중 관리를 지낸 사이였다. 소무가 흉노 땅에 사절로 온 다음 해에 이릉은 흉노에게 항복하였으므로 소무를 찾아갈 마음이 내키지 않았다. 오랜 세월이 흐른 뒤 다시 흉노 왕은 이릉을 바이칼호로 보내 소무를 위해 연회를 베풀었다.

그때 이릉이 소무에게 "흉노 왕이 그대를 설득하라고 나를 보냈소. 그대가 마음만 돌이킨다면 아무 선입견 없이 받아들일 것이오. 한나라에 있는 그대 형과 아우는 관리로서 작은 실수 때문에 자결하였고, 부인은 재혼했다고 하오. 그 외 누이와 따님, 아들들은 생사조차 모른다오. 사람 목숨은 아침 이슬과도 같은 것, 이곳에서 이렇게 고생만 할 것이 무어 있겠소."라고 하자, 소무는 "우리 부자父子는 아무런 공도 없는데, 폐하의 은덕으로 장수의 대열에 올랐으니, 충성을 다하고 싶소."라고 하였다.

한 무제가 죽고 소제昭帝가 즉위하였다. 한나라는 흉노와 화친조약을 체결하고 소무를 돌려보내 달라고 흉노에 요청하였다. 이때 이릉은 말하기를 "이제 그대는 돌아갈 것이오. 나의 경우 그때 폐하(한 무제)가 어머니를 죽이지 않고, 내 죄를 용서하여 설욕할 기회를 주었더라면 좋았을 텐데……. 일가가 몰살된 마당에 내가 무슨 여한이 있었겠소. 그대 내 마음을 이해해주시오. 우린 서로 다른 나라 사람이 되고 말았구려. 다시 만날 수 없을 테지요?"라고 하며 두 사람은 헤어졌다.

흉노 왕은 소무와 함께 온 사람들을 보내주려고 찾아 모으니, 항복했거나 세상을 떠난 사람이 많아 겨우 9명밖에 없었다.(〈이광소건전李廣蘇建傳〉) 사마천은 이릉의 불행한 처지를 이해했던 모양이다.

《전국책戰國策》

변설辨說과 권모술수權謀術數로 중국을 사로잡다

유향劉向

이 책은 중국의 전국시대에 유세遊說했던 책사策士(권모술수가)들의 변설辨說과 권모술수에 관한 것을 모아 놓은 것이다. 전한前漢의 유향劉向(B.C. 76~B.C. 6)이 궁중의 비밀자료를 정리·편집하여 33권으로 만들고 이러한 책명을 붙였다. 오늘날 정치가들이 선거운동을 하거나 외교가들이 자국을 위하여 국제무대에서 활약하는 것에 비유할 수 있다. B.C. 6년경에 만들어졌다. 사마천이 《사기史記》를 집필할 때 이 책에서 많은 자료를 얻었다고 한다.

원저자는 누구인지 모른다. 지금 보는 책은 유향의 원본이 아니고 송나라 때 복원한 것이다. 역사서로 보기도 하지만, 때로는 종횡가縱橫家(전국시대 외교전략을 설파한 학파)로 분류하기도 한다. 정연整然한 사상체계가 있는 것은 아니고, 권모술수적인 기괴한 말과 행동이 모아져 있다. 고금의 인간사회는 비슷한 법, 오늘날도 하나의 이야깃거리로 재미있게 읽을 만하다.

우리가 흔히 쓰는 '사족蛇足'에 관한 고사도 여기에서 나왔다. 요점만 이야기하면 이렇다. 두 사람이 나눠먹기엔 부족한 한 잔의 술을 두고 두 사람이 누가 빨리 뱀을 그리는가 내기를 했다. 한 사람이 먼저 그렸다. 술잔을 빼앗아 들고 잠시 자기 그림을 보더니 "뱀에 다리가 없네. 다리가 없으면 뱀이 아니지!" 하고는 뱀의 다리를 더 그렸다. 그 사이 다른 사람이 그림을 다 그리고는 "뱀에 무슨 다리가 있는가!" 하고는 술잔을 빼앗아가고 말았다.(〈제책齊策〉)

'어부지리漁夫之利'라는 말도 우리가 잘 알고 있는 이야기이다.

조趙나라 혜왕이 연燕나라를 치려했다. 측근의 한 신하가 안 된다고 설득하면서 이렇게 말했다.

"큰 조개가 햇볕을 쬐고 있었습니다. 그때 황새 한 마리가 날아와서 조갯살을 쪼아먹으려 하자 조개가 껍데기를 닫아 황새의 부리를 꽉 물어버렸습니다. 황새가 '오늘이나 내일이나 비가 안 오면 너는 죽을 거야.'라고 하자 조개도 '오늘이나 내일이나 내 입에서 빠져나가지 못하면 너도 죽을 거야.'라고 하면서 둘 다 버티고 있었습니다. 그때 지나가던 어부가 이를 보고 둘 다 잡아버렸습니다. 이와 같이 조나라가 연나라를 공격하면 오랜 전쟁에 백성은 지치고 그때 강력한 진秦나라가 두 나라를 단번에 먹어치울 것입니다."(〈연책燕策〉)

천리마千里馬(하루에 천리를 달리는 명마)를 얻는 방법에 대한 묘

책 이야기, 훌륭한 인재를 얻는 방법으로 회자되는 이야기이다.

천금을 주고 천리마를 구하려는 왕의 한 신하가 죽은 천리마 뼈를 오백 금을 주고 사왔다. 왕이 화를 내자 그는 "죽은 말의 뼈를 오백 금을 주고 샀으니, 소문이 나면 천리마가 곧 몰려올 것입니다."라고 했다. 과연 1년도 되지 않아 천리마 3필을 구할 수 있었다.(〈연책〉)

《국어國語》

《춘추》의 바깥 이야기, 또 하나의 《춘추》

여기서 말하는 '국어'는 춘추시대 각국의 여러 가지 일들에 관한 말(기록)이란 뜻이다. B.C. 350년경에 만들어졌으며 《춘추좌씨전》에 비교되는 당시 여러 나라의 역사를 기록한 것이다. 〈주어周語〉, 〈노어魯語〉, 〈제어齊語〉 등 모두 8개 나라 역사를 정리해두고 있다. 《춘추좌씨전》을 '내전內典'이라 하고, 이 책을 '외전外典'이라 하는데, 이는 두 책이 서로 보완관계에 있다는 뜻이다.(내전이 외전보다 더 근본이다.)

저자는 《춘추좌씨전》을 지은 좌구명左丘明이라고 하나 불확실하다. 예로부터 '좌국사한左國史漢(《춘추좌씨전》, 《국어》, 《사기》, 《한서》)'이라 하여 역사의 고전으로 꼽힌다. 《국어》가 대상으로 하는 시대는 B.C. 967~B.C. 453까지로 《춘추》에서 다룬 시대(B.C. 722~B.C. 481)보다 길다. 그러나 이 책은 역사와 정치에 관한 일화를 모은 단편집의 성격이 강해 체계적으로 서술되지 못하였다.

여기에 실린 이야기 중 재미있는 것 한두 가지를 소개한다.

주나라의 여왕厲王은 포악해서 사람들에게 욕을 많이 얻어먹었다. 그래서 소공昭公이 왕에게 "사람들은 왕의 명령을 따를 수 없다고 합니다."라고 건의하였다. 그러자 왕은 언로言路를 열 생각은 하지 않고 욕하는 사람을 감시하고 고발하게 하고, 또 죽였다. 그 후 사람들은 말을 하지 않고 눈짓으로 신호를 주고받았다. 왕은 기뻐했다.

소공이 말하기를 "백성들이 말을 하지 않는 것은 그들의 입을 막았기 때문입니다. 백성의 입을 막는 것은 강물을 막는 것보다 더 위험합니다. 강을 잘 다스리는 사람은 물길을 터서 잘 흐르게 하듯이, 사람들이 말을 자유롭게 할 수 있도록 해야 합니다."라고 간하였다. 그러나 여왕은 말을 듣지 않았다. 결국 3년 뒤 쫓겨나고 말았다.(〈주어周語〉 상편上篇)

《맹자》에 보면 제齊나라 선왕宣王이 맹자에게 제나라 환공桓公과 진晉나라 문공文公의 일을 물은 기사가 나온다. 이때 물론 맹자는 무력으로 천하를 호령한 그런 왕의 일은 잘 모르겠고, 정 물으신다면 왕도王道에 대해서 말하겠다고 하였다. 이후로 '제환진문齊桓晉文'은 힘으로 하는 정치, 곧 패도霸道의 대명사가 되어 유학에서 법가사상이나 권모술수처럼 나쁘게 여겼다.

《맹자》만 보아서는 그 배경을 잘 알 수 없는데, 이 《국어》에는 진나라 문공이 초년에 후계자 문제로 다른 나라에 피신하여 20년 가까이 유랑생활을 하다가 장인의 도움으로 가까스로 진나라에 돌아와 왕위에 오른 이야기가 자세히 실려 있다. 특히 문공이 제나라에 피신해와 제나라 어느 제후의 도움으로 안락한 생활에 길들여져 있을 때, 장인의 지모와 책략으로 다시 진나라로 가게 된 경위(〈진어〉 4편)가 재미있게 그려져 있다.

《삼국지三國志》

위魏나라 중심의 위魏·촉蜀·오吳 흥망사

'삼국지'라고 하면 소설 《삼국지》를 연상하고 유비劉備, 관우關羽, 장비張飛 등의 인물들까지 대체로 잘 알고 있다. 여기서 말하는 《삼국지》는 역사서로서의 《삼국지》이고, 흔히 말하는 소설로서의 《삼국지》는 명나라 때 나관중羅貫中이 엮은 《삼국지연의三國志演義》를 말한다. 물론 역사서로서의 《삼국지》를 바탕으로 하면서 민간 설화나 역사 이야기 등을 참고해서 만든 것이다. 이 소설이 유명해져서 줄여 '삼국지'라고 부르게 된 것인데, 역사서와는 내용이 다르다. 여기서 '지志'라고 하는 것은 기록이라는 뜻이다.

《삼국지》는 290년경에 만들어진 것으로 진晉나라 진수陳壽(233~297)가 편찬했다. 후한後漢(25~225)이 멸망한 뒤 위魏·오吳·촉蜀 세 나라가 다투던 시대의 역사이다. 《삼국지》는 역사적 사실들이 잘 정리되어 있어 정사正史 중에서도 잘된 책으로 꼽힌다.

《삼국지연의》를 비롯 많은 글들이 촉의 유비를 좋은 사람으로, 조조曹操를 악한으로 다루는데, 이것은 남송의 주자朱子가 《자치통감강목資治通鑑綱目》에서 촉을 정통으로 세웠고, 그 후 그 설이 일반화되었기 때문이다. 그러나 《삼국지》는 조조의 위나라를 정통왕조로 보고, 〈위서魏書〉에서만 '제왕의 연대기'를 실었다.

《삼국지》 속 이야기 중 유비가 제갈량諸葛亮을 세 번이나 찾아가 도와달라고 한 이야기가 유명하다. '삼고초려三顧草廬'의 고사가 여기서 나왔다. 시골집을 세 번이나 찾아갔다는 뜻이다. 제갈량의 자는 '공명孔明'으로 흔히 제갈공명이라 부르기도 한다. 그의 친구 서서徐庶가 유비를 만나 "제갈공명은 와룡臥龍입니다. 한번 만나 보시겠습니까?"라고 하자 유비는 자기에게 데려오라고 했다. 그러자 서서는 "그 사람은 만나러 갈 수는 있으나 데리고 올 수는 없습니다."라고 하였다.

대진戴進(明), 〈삼고초려도三顧草廬圖〉

그리하여 유비는 그곳으로 갔다. 처음에는 계속 만나지 못하다가 세 번 만에야 겨우 만났다. 유비는 천하통일 과업에 대해 제갈량의 도움을 청하고 지혜를 구하였다. 제갈량은 당시 각 지역 군벌軍閥의 형세와 천하 평정의 요지要地 및 지형도地形圖 등을 상세히 말해주었다. 부하 장수 관우와 장비는 제갈량을 못마땅하게 생각했으나, 유비는 "공명을 얻은 것은 물고기가 물을 만난 것과 같다. 너희들은 아무 말 하지 마라."라고 하였다.

이후 유비는 힘을 길러 촉, 오와 더불어 천하를 3분하여 자웅을 다투게 되었다는 이야기이다. 여기서 '와룡'이라는 말은 재야의 숨은 현자라는 뜻이고, '세 번이나 찾아갔다'는 것은 '세 번째 겨우 만났다'는 뜻이다.

여기에 '읍참마속泣斬馬謖'이란 말도 나오는데, 제갈량이 군율을 지키기 위해 부하 마속의 목을 자른 것을 말한다.

《삼국지연의三國志演義》

유비劉備의 촉蜀나라, 《삼국지》의 주인공이 되다

이 책은 널리 알려진 소설 《삼국지》를 가리키는데, 원 명칭은 《삼국지통속연의三國志通俗演義》이고, 줄여서 《삼국지연의》 또는 《삼국연의》라고 부른다. 통속적으로 '소설'이란 명칭을 빼고 부르기 때문에, 정사正史 《삼국지》와 이름이 같다. '연의演義'는 풀어쓴다는 뜻이다.

1494년경에 만들어진 것으로 후한後漢 말기의 조조曹操, 손권孫權, 유비劉備가 건국한 위魏·오吳·촉蜀 세 나라의 흥망성쇠에 관한 이야기이다. 진晉나라 진수陳壽가 편찬한 정사 《삼국지》를 구어체로 쓴 것이다. 정사가 위나라를 정통으로 본 데 대하여 소설은 유비가 한나라의 정통을 계승한 것으로 기술했다.

작자는 나관중羅貫中(이름은 본本, 자가 관중貫中, 호는 호해산인湖海散人)인데, 원나라 말기에 태어나 명나라 초기에 세상을 떠났다는 것 외에 알려진 것이 없다. 이 책은 나관중 혼자의 저작은 아니다. 당나라 때 이미 삼국의 역사가 이야깃거리로 등장하여 민중이 가장 즐기는 이야기로 정착되었다. 그 후 원나라 때 《전상삼국지평화全相三國志平話》가 간행되었는데, 나관중은 이 책을 토대로 《삼국지연의》를 쓴 것이다. 여러 판본이 나왔으나, 청나라 초기 모륜毛綸, 모종강毛宗崗 부자가 교정한 판본이 나와 널리 읽히게 되었다.

민란이 일어나 세상이 어수선하던 후한 말기 왕실 후손인 유비와 장비, 관우 세 사람이 세상을 구제할 뜻을 세우고 의기투합하여 장비의 집 '복숭아 밭〔桃園〕'에서 형제의 의를 맺었다. 소위 '도원결의桃園結義'이다.

조조는 한나라 헌제獻帝를 모시고 천하를 호령하는 직위를 얻었다. 황건적을 토벌한 유비는 조조의 전횡이 심해지자 그를 칠 계획을 꾸몄다. 그리하여 어렵게 제갈공명諸葛孔明을 찾아가 도움을 요청하자 공명은 천하를 삼분三分하는 계책을 말해주고, 군사자문역을 맡았다.

〈도원삼결의수상桃園三結義綉像〉 금릉만권루金陵萬卷樓 간본(1591)

유비는 오나라 손권과 손을 잡고 조조와 적벽赤壁에서 일대 전투를 벌였다. 유비 쪽은 오나라 참모가 건의한 '연환계連環計'와 '화공火攻'의 계책을 사용하여 승리를 거두었다.

조조가 죽고 아들 조비曹丕가 뒤를 이었는데, 헌제에게 퇴위를 강요하여 자신이 제위에 올랐다. 한나라가 멸망하는 순간이었다. 한편 제위에 오른 유비는 왕실의 뒤를 이음과 동시에 관우를 죽인 손권에게 복수전을 감행했다. 그러나 장비는 부하의 손에 죽고, 자신의 군대는 화공으로 참패하고 말았다. 유비는 백제성까지 후퇴했지만, 그곳에서 유명을 달리했다.

공명은 북정北征을 하여 장안長安을 위협할 정도였으나, 부하 마속馬謖의 실책으로 허무하게 물러나고 말았다. 공명 역시 해마다 위나라와 전투를 벌였으나 성과를 거두지 못하고 병으로 세상을 떠났다. 위나라 장수 사마의司馬懿의 손자 사마염司馬炎이 위나라 황제를 퇴위시키고 진晉나라를 세워 삼국정립 시대는 막을 내리게 되었다.

《자치통감資治通鑑》

통치統治에 보탬이 되는 역대 제왕 이야기

'자치資治'란 말은 정치에 자료(참고)가 된다는 뜻이고, '통감通鑑'은 '통사通史'라는 뜻이다. 원래 '감鑑'이란 거울인데, 동양에서는 역사를 상징한다. 그러므로 제왕의 통치에 이용하기 위한 역사라는 뜻이 된다.

사마광司馬光(1019~1086)이 지은 《자치통감》(줄여서 《통감》)은 그의 역사관이 잘 드러나 있고, 그 가치 때문에 역대 위정자들이 꼭 읽어야 할 책(제왕의 책)으로 간주되었다. 유교문화권에서는 과거 절대왕정 시대에 왕이 권력을 잃지 않기 위해서 고심한 나머지 과거 사례를 참고하려 하였는데, 여기에 역사서가 중시되었다.

최초의 통사는 사마천의 《사기》로, 기전체紀傳體 서술방식이다. 그러나 이 책은 '편년체編年體'로 엮었다. 전자는 제왕의 연대와 계통을 세우고 인물의 전기를 중심으로 역사를 기술했다면, 후자는 날짜순으로 사건을 기록하는 식이다. 다만 날짜순으로 적으면 어떤 사건의 전후 맥락을 알 수 없으므로 날짜순으로 적되 중요한 사건은 전후 맥락을 소급해서 적어 총체적으로 알 수 있도록 하였다. 우리나라 《실록實錄》은 편년체인데, 역시 전후 맥락을 간간이 적어 전체 개요를 알 수 있도록 하였다. 이를 보완한 것이 이긍익의 《연려실기술燃藜室記述》이다. 이는 사건의 전후본말을 자세히 적은 것이다.

이 책이 다룬 시기는 동주東周(주나라 후반기)의 위열왕威烈王 23년(B.C. 403)부터 후주後周의 세종世宗 6년(959년)까지 1362년간이다. 위열왕 23년은 왕이 진晉나라의 경卿이었던 한건韓虔, 위사魏斯, 조적趙籍 3인을 제후로 봉하여 각각 한韓, 위魏, 조趙 세 나라로 분열시킨 해로서 역사상 큰 전환기를 맞이한 때이다. 당唐 이후 천하가 분열되어 5대10국의 시대가 되었는데, 그때 마지막 멸망한 왕조가 후주이므로 결국 송나라 통일 이전(당나라 말)까지의 시기를 다룬 것이다.

지은이는 사마광인데, 당시 왕안석王安石의 신법新法(새 제도개혁)에 반대한 구법당의 지도자였다. 당시 왕 신종神宗이 왕안석의 신법을 채용하자 보수적인 사마광은 정치 일선에서 물러나게 되었다. 그는 자기 포부를 이 역사서를 통해서 표현하려 했다.

무려 19년의 세월이 걸려 완성했는데, 처음 《통사通史》라 하여 신종에게 바치니, 신종은 정치에 크게 참고 된다고 하여 서문을 쓰고, 책명도 《자치통감》이라 고쳐주었다. 모두 294권의 방대한 분량이다.

사마광이 편년체로 기술한 이유는 주관을 배제하고 객관적으로 역사를 기술하려는 그의 역사관 때문이다. 남송시대 주자는 이 책의 분량이 너무 많아 《자치통감강목資治通鑑綱目》(139권)을 편찬했다. 그리고 송 휘종徽宗 연간에 나온 강지江贄의 《통감절요通鑑節要》(50권 15책)는 《자치통감》을 더 줄인 것으로 우리나라에서는 지금까지도 한문 초학자의 강독용으로 많이 읽히고 있다.

송대 주자는 공자의 《춘추》를 모방하여 새로 역사를 쓰지 않고 사마광의 이 책을 사신의 역사관에 따라 편집하였다. 《자치통감강목》이 그것인데, 역사적 사건의 중요도에 따라 강과 목으로 나누고 춘추의리에 따라 명분을 중요하게 새로 따져 사마광의 역사관을 보충하였다. 분량도 반으로 줄였다.

사마광의 역사관도 명분을 중요하게 여겼는데, 천자였던 주周의 위열왕이 제후인 진晉나라의 경卿이었던 세 사람을 제후로 인정함으로써 결국 '하극상'을 용인하는 큰 명분상의 실수를 저질렀다고 보고 이 시기부터 역사를 서술하기 시작하였다. '신臣 광光이 아룁니다.'라는 자신의 사평史評을 통해 이 사실을 비판하고 있다.

사마광은 위열왕의 이 실책에 대해 "이들을 제후로 임명한 것은 무도한 짓을 합법화한 것이고, 정의로운 사람들이 옳은 행동을 할 길을 막아버린 것이다."라고 하여 명분이 중요하다고 말하고 있다. 이는 도덕적 가치로 역사적 사실을 평가하는 것인데, 이는 경우에 따라서는 사실을 직시하지 못하게 할 수도 있다. 봉건 왕조시대 역사서술의 단점이기도 하다.

그럼에도 이 책이 중시되고 널리 읽히는 이유는 이 책이 단순한 역사 기술이 아니라 그 속에 인간의 갖가지 형태의 행동과 생각을 거의 다 포함하고 있기 때문이다. 또한 당송시대의 '고문부흥운동古文復興運動'의 흐름을 타고 훌륭한 고문(전아한 고급문장)으로 쓰인 점도 호평을 받게 된 이유이다.

모택동毛澤東은 이 책을 17번이나 읽었다고 한다. 우리나라에서도 중시하여 세종 때 읽기 쉽게 '훈의訓義', 즉 주해를 달도록 하였고, 세종 자신이 직접 교정을 보았다. 또한 한말의 풍운의 인물 흥선대원군興宣大院君 역시 주자의 《자치통감강목》을 애독하여 《강목집요綱目集要》를 간행하기도 하였다. 최근에는 타이완臺灣의 백양柏楊이 현대중국어로 편역하였고(《중국인사강中國人史綱》), 우리나라에는 권중달 선생의 번역서가 있다.

사마광은 당시 왕안석의 신법당新法黨에 대하여 구법당舊法黨, 즉 보수파에 속하였는데, 이 책에 이러한 역사관이 잘 나타나 있다. 그는 법 제도 운영보다 사람을 제대로 써야 하고, 좋은 인재는 재주보다 덕이 있는 사람이어야 한다고 생각했다. 그러므로 지도자는 사람을 볼 줄 알아야 한다는 것이다. 또 급격한 개혁보다 한 순간도 쉼 없이 변화하는 역사에서 방향을 잡아주는 것이 중요하다고 역설했다. 왕조시대 통치에 적합한 보수적인 역사관이었다. 즉 인치人治의 강조인데, 오늘날도 참고가 된다.

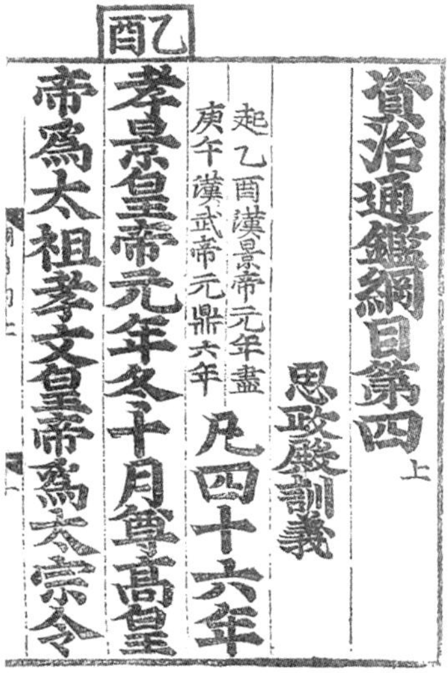
乙酉
資治通鑑綱目第四 上
思政殿訓義
起乙酉漢景帝元年盡
庚午漢武帝元鼎六年 凡四十六年
孝景皇帝元年冬十月尊高皇
帝爲太祖孝文皇帝爲太宗令

《사정전훈의자치통감강목思政殿訓義資治通鑑綱目》

《십팔사략十八史略》

초학자를 위한 역사 입문서

14세기 후반에 만들어진 책으로 고대부터 송대까지 역대 왕조의 흥망성쇠를 기록한 역사독본歷史讀本이다. 이전에 나온 《사기》, 《한서》를 비롯 17사史에 송나라 역사 일부를 넣어 18사로 하고, 교재로 사용하기 위해 편년체로 요약했다. 아울러 초학자들이 장구한 중국역사에 대한 기초지식을 얻을 수 있도록 엮었다. 전 2권이다. 원래 이름은 《고금역대십팔사략古今歷代十八史略》이다.

저자 증선지曾先之는 송 말기에서 원나라 초에 걸쳐 살았던 사람으로 송나라에서 벼슬하다가 송나라가 망하자 재야학자로 전통문화를 지키며 교육에 종사했다. 과거시험이 있던 시절에는 '사서四書'와 같은 경전이 중요시되었으나, 원나라가 지배하는 세상이 되자 민족의식을 일깨우기 위해 역사서가 중시되었다. 그러나 역대 역사기록이 많아 교육용으로 적합하지 않다고 생각한 나머지 이 책을 펴낸 것으로 추정된다. 역대 왕조의 흥망성쇠를 생생하게 기록하여 초학자가 역사와 전통에 흥미를 가질 수 있도록 시도하였고, 또한 고사故事·명언名言도 많이 실어 재미있도록 만들었다.

이 책에서는 우리가 잘 아는 진시황의 '분서갱유焚書坑儒'에 대해 이렇게 묘사하고 있다. 재상 이사李斯가 상소하기를 "학자들이 '오늘'을 표준으로 삼지 않고 '과거'를 들어 오늘을 비판하고 있습니다. 자신의 학문만 고집하고, 길거리에서 논쟁하기도 합니다. 무뢰배입니다. 진 제국 이외 기록, 제자백가의 저작은 불태워버리고, 관리가 법령을 가르쳐주어야 합니다."라고 하였다. 또 후생侯生, 노생盧生이라는 방사方士(신선술가神仙術家)가 "황제가 나쁘니 선약仙藥이 발견되지 않는다."고 하고는 도망을 치자 황제는 노발대발하여 학자들을 조사하여 5백여 명을 생매장했다. 이 책에서는 이런 사실을 '분서갱유'로 기록하여 전했다.

'곡학아세曲學阿世'라는 말이 있다. 학문을 왜곡하여 세상에 아첨한다는 뜻이다. 한 무제는 신분과 계급을 묻지 않고 재능 있는 인재는 발탁하였는데, 이때 공손홍公孫弘이 선발되었다. 그 무렵 제나라 출신 원고轅固가 늦은 나이에 현량과賢良科에 합격해 조정에 초빙되었다. 원고와 공손홍은 동료였으나 조정에서 만나면 공손홍이 원고의 눈길을 피해버렸다. 어느 날 원고는 공손홍을 붙잡고 "올바른 학문을 익히고 나서 말을 하는 게 좋소. 학문을 왜곡하여 세상에 아첨해서는 안 되오."라고 충고하였다.

당나라 재상 이임보李林甫는 현종의 측근에게 아부하고 현종의 눈에 늘 들도록 하여 총애를 받고, 이를 이용하여 왕의 귀와 눈을 막아버렸다. 나아가 어진 신하를 미워하고 자신보다 뛰어난 인물을 배척했다. 그의 이러한 음험한 성격에 대해 사람들은 말하기를 "입에서 나오는 말은 꿀처럼 달지만, 뱃속에 든 칼은 정말 무섭구나.(구밀복검口密腹劍)"라고 하였다.

《정관정요貞觀政要》

전근대 제왕학의 교과서

당 태종唐太宗

당나라 제2대 황제 태종과 그를 보좌한 신하들과의 문답을 적어놓은 것으로 제왕의 통치술에 대한 이야기가 주로 실려 있어 예로부터 제왕학의 교과서로 불리었다. '정관貞觀'은 태종대의 연호이고, '정요政要'는 정치의 요체라는 뜻이다. 640년경 당나라 역사가 오긍吳兢이 10권 40편으로 편찬했다. 《태조실록》에서 재료를 많이 취했으나, 제왕의 통치 전 분야에 대해 언급해두었다. 당 중기 이후 제왕들이 많이 읽었고, 우리나라에서도 조선 초 경연經筵(왕에게 강의하는 자리)에서 자주 강의되었다.

태종이 창업創業과 수성守成에 대해 어느 것이 더 어려운지 물었다. '창업'은 나라를 세우는 것을 말하고, '수성'은 계승 발전시키는 것을 말한다.(흔히 '수성守城'이라 하여 성을 지킨다고 쓰는 것은 오류이다.)

방현령方玄齡이 말하기를 "천하가 혼란할 때는 영웅들이 다투어 일어납니다. 통일하려면 군웅群雄들을 쳐부수어야 하니 창업이 어렵습니다."라고 하였다. 위징魏徵이 반론하기를 "제왕이 왕위에 오르면 전대의 혼란을 고스란히 짊어집니다. 또 창업은 하늘이 주는 것이지 백성이 주는 것이 아니니 어렵다고만 할 수 없습니다. 천하를 손에 넣은 뒤에는 교만과 안락에 빠져 백성들이 세금과 부역 등 괴로움을 당합니다. 수성이 더 어렵지요."라고 하였다.

이 말을 들은 태종이 "방현령은 나와 함께 천하 통일을 위해 고초를 같이했으니, 그 말이 지당하고, 위징은 나와 함께 천하 안정을 꾀하고 나라가 장차 위태로울까 노심초사 하였으니 그 생각도 일리 있지."라고 하였다.(〈군도편君道篇〉)

이렇듯 태종은 현신들의 말을 허심탄회하게 경청하여 좋은 정치를 행하였다. 이 외에도 이 책에는 정치에 참고가 될 만한 좋은 교훈들이 많이 실려 있다.

위징이 말하기를 "군주는 배와 같고, 백성은 물과 같다. 물은 배를 띄울 수도 있고, 배를 뒤집을 수도 있다."(〈정체편政體篇〉)

태종이 말하기를 "인재를 구하는 데 신중을 기하고 있다. 그래서 나는 일을 할 때마다 천하가 다 보고 듣도록 하고 있다."라고 하니, 위징이 대답하기를 "지금은 태평성대이니 재능과 인격을 겸비한 자를 등용해야 합니다. 인격이 부족하면 재주가 뛰어날수록 심각한 해를 끼칠 수 있습니다."라고 하였다.(〈택관편擇官篇〉)

태종이 위징에게 말하기를 "내가 백성을 위무慰撫하는지, 아니면 방종放縱하고 절제 없이 노여워하고 있는지 걱정스럽다. 원래 자신이 하는 바는 자신이 잘 모르는 법이니 말해주기 바란다."라고 하니, 위징이 대답하기를 "희로애락의 감정은 누구나 가지고 있습니다. 어리석은 사람은 제어하지 못하고 과격해집니다. 폐하의 덕은 높습니다. 어려울 때를 대비하시어 유종의 미를 거두시기 바랍니다."라고 하였다.(〈종신편終愼篇〉)

《손자병법孫子兵法》

전투를 부정한 최고의 전쟁 교과서

손무孫武의 《손자병법》은 약 2,500년 전 중국 고대 춘추전국시대 말기(B.C. 480년경)에 만들어진 병법, 즉 전쟁의 이론과 방법을 기술한 책이다. 모두 13편이다. 이 책이 워낙 유명해서 그 저자를 높여 '손자'라 부르고, 책 이름을 줄여 《손자》라고 하기도 한다.

전쟁은 인류 역사에서 끊임없이 계속돼왔고, 앞으로도 계속될 것이다. 이 세상에서 창조를 위한 파괴는 전쟁만 한 것이 없다는 말도 있다. 그러나 손자는 전쟁 찬양자는 아니다. 전쟁에 대한 이론理論과 철학哲學을 제시했을 뿐이다. 또 옛날 전쟁과 지금의 전쟁은 무기의 진화 발달에 따라 그 방식이 다르므로 손무의 병법이 그대로 적용은 안 된다. 손무가 말한 전쟁술은 옛날 보편적 전쟁방식인 '백병전白兵戰'을 전제로 한 것이다. 그러나 전쟁의 이론과 기술은 오늘날에도 참고할 내용이 있다.

인류 역사에서 세상일을 싸움판, 약육강식의 생존경쟁으로 본다면 전쟁 아닌 것이 없다고 해도 과언이 아니다. 더욱이 자본주의 사회는 살기 위해 여러 가지 형태의 싸움을 벌이고 있다. 마지막에는 무기를 사용하는 전쟁도 불사한다. 그래서 요즘 경영 분야에서도 이 《손자병법》을 원용하고 있다.

손무는 원래 당시 양자강 이남에서 번성했던 오吳나라의 장수였는데, 오나라 왕 합려闔閭가 손무의 전략 덕분에 초楚나라를 이겼다. 손자의 전쟁술 근서에는 인간 본성에 대한 통찰이 숨어 있다. 《순자》, 《한비자》에서도 저자의 인간 본성에 대한 견해가 들어 있지만, 《손자》의 근저에도 이와 유사한 인간관이 놓여 있다. 즉, 인간의 악한 면에 대한 통찰이다. 전쟁을 한다는 것 자체가 악한 일이기 때문이다.

그러나 한편으로 손무는 '싸우지 않고 이기는 법'이 중요하다고 말한다. 그의 명언을 한번 살펴보자. 그는 말하기를 "전쟁은 나라의 대사大事이다."라고 하여 오늘날로 말하면 '안보'가 국가 보위保衛에 매우 중요하다고 말한다. 또 "병법이란 적을 속이는 일이다."라고 하여 전쟁에는 속임수, 트릭이 있어야 된다고 말한다. 그 하나의 예를 들면 소위 '간첩(첩자)'의 활용이다. 이 책에 나오는 유명한 숙어로서 '지피지기知彼知己면 백전불태百戰不殆니라.'라는 말이 있다. 적을 알고 나를 알면 백 번 싸워도 위태롭지 않다는 뜻이다. 정보수집과 전쟁준비를 잘하여 사전에 힘을 서로 비교해서 이길 수 있는 전쟁을 해야 한다는 의미이다.

우리나라 역대 장수들은 물론, 난세의 영웅 조조曹操, 당 태종唐太宗, 명대 유학자 왕양명王陽明, 일본의 무사들, 나폴레옹, 독일 황제 빌헬름 2세 등도 이 책을 탐독했다. 1차 대전에서 이라크전까지 이 책의 내용을 적용시켜 보면 수긍되는 점이 많다. 그러나 이 전쟁이론을 '선거'에 악용하여 이기고 보자는 것이나, 경영에 비도덕적으로 적용하는 것은 손자가 말한 철학에 어긋나는 일이다.

《오자吳子》

아내를 죽여 충성을 맹세한 오기吳起의 병법서

《손자병법》과 병칭되는 병서에 《오자병법》이 있다. 전국시대 초기에 초楚나라의 재상으로서 큰 업적을 남긴 오기吳起가 초나라의 신하가 되기 전, 즉 위魏나라의 장군이었을 때 섬기던 위나라 문후文侯와 그 아들 무후武侯에게 병법을 설명한 내용이다. B.C. 380년경 만들어졌다. 원래는 48편이었다고 하나 지금은 6편만이 전한다.

《손자병법》이 노자老子의 영향을 받은 병법서라고 한다면《오자병법》은 법가사상의 성격을 띠고 있다. 병법의 내용을 보면《손자》보다 떨어지지만, 오기의 정치적 행적은 화려하다. 전편이 남아 있지 않은 것이 아쉽다.

그는 젊은 시절 공자의 수제자인 증자曾子의 문하에서 배웠는데, 점차 유가사상에서 법가사상으로 기울어 실천적인 정치에 몸을 담게 되었다. 처음에는 노魯나라에서 일을 했는데, 노나라와 제齊나라 사이에 전쟁이 벌어졌을 때 노나라에서 그의 처가 제나라 사람이라는 이유로 의심받자 아내를 죽여 충성을 표시했다. 하지만 후에 다시 그 일을 빌미로 자신을 모함하자 결국 위나라로 망명하였다. 그리하여 위 문후에게 등용되어 공을 세웠다. 그러나 무후가 집권하자 정적들의 모함을 받아 초나라로 망명하였다.

초나라 도왕悼王에게 발탁되어 재상이 된 오기는 많은 전공戰功을 세웠고, 중앙집권 정책을 추진하여 초나라를 강국으로 만들었다. 그 때문에 왕족들의 미움을 사 도왕 사후死後 암살되고 말았다. 남아 있는 6편의 내용을 요약하면 다음과 같다.

〈도국편圖國篇〉에서는 나라와 군대의 불화가 있으면 전투를 할 수 없으므로 영명英明한 군주는 먼저 나라와 군대의 화합을 도모했다고 논하고, 이후 정치의 요체, 인재의 등용, 전쟁의 원인과 성격 등을 논하고 있다. 〈요적편料敵篇〉에서는 적정敵情을 분석하는 법을 기술하고 있다. 〈치병편治兵篇〉에서는 군대통솔의 원칙을 논하고 있다. 〈논장편論將篇〉에서는 지도자론을 논하고 있다. 〈응변편應變篇〉에서는 상황에 따라 대응하는 전술을 설명하고 있다. 〈여사편勵士篇〉에서는 병사들의 마음을 사로잡는 법을 일화를 들어 기술하고 있다.

〈응변편〉에 보이는 전술에 이런 것이 있다. "소수로 다수를 이기려면 어떻게 하는가?"라고 무후가 묻자, 오기는 "지형을 이용해야 합니다. 좁은 길이나 험악한 산악 지형, 좁은 계곡에서 싸워야 합니다."라고 하였다. 또 "불리한 지형에서 강한 적을 만났을 때 어떻게 해야 하는가"에 대해 "퇴각해야 합니다. 부득이하면 시끄러운 소리로 적을 놀라게 하여 적이 당황할 때 총공격을 해야 합니다."라고 대답하였다. 또 〈여사편〉에서는 "사람에게는 장점도 있고 단점도 있으며, 또 사기가 왕성할 때도 있고 부진不振할 때도 있으니, 늘 고정된 잣대로 평가하면 안 된다."라고 하였다.

《육도六韜》와 《삼략三略》

실전 활용을 강조한 병법서

먼저 《육도六韜》를 본다. 내용면에서 사상적 일관성이 없으나 실전에서는 유용하게 쓰인 병서兵書이다. 흔히 《태공망비전太公望秘傳》이라고도 하는데, 이는 후세 사람들이 그 유용성을 보고 지어낸 말이다. 지은 연대와 지은이는 불확실하나, 연대는 위魏나라(3세기) 이후로 보고 있다.

주周나라 건국공신 여상呂尙, 곧 태공망이 전했다고 알려진 이 책은 6가지 도韜로 이루어져 있다. '도韜'라는 글자는 '감추어진 비법'이란 의미를 담고 있다. 6도는 〈문도文韜〉, 〈무도武韜〉, 〈용도龍韜〉, 〈호도虎韜〉, 〈표도豹韜〉, 〈견도犬韜〉이다. 하나의 분류 표시이지 표제에 큰 뜻은 없다.

〈무도〉에서는 '문벌법文伐法'을 소개하고 있는데, 이는 싸우지 않고 이기는 법이란 뜻이다. 즉, '상대를 방심하게 하여 빈틈을 노린다. 보물과 미녀를 보내어 장수의 얼을 뺀다. 적의 군주가 신뢰하는 신하를 매수하여 군주와 대립하게 한다. 적의 중신重臣에게 군주에게보다 더 값진 것을 보내거나 적의 중신을 오래 붙들어두어 군주가 의심하게 만든다. 적의 군주에게 어떤 정보도 들어가지 않게 한다. 상대에게 일부러 협상하자고 하면서 술책을 부린다.' 등의 방법을 제시하고 있다.

훌륭한 장수에는 3가지 유형이 있다. 예장禮將, 역장力將, 지욕장止欲將이다. 예장은 자기보다 부하를 챙기는 장수이다. 역장이란 스스로 힘든 일을 먼저 하는 모범을 보이는 장수이다. 지욕장 역시 자기보다 부하를 먼저 챙기는 장수이다.

《삼략》은 한나라 고조를 모셨던 장량張良이 활용했다는 병서라고도 하나, 실제 저작 연대는 수隋나라 때인 6세기로 보인다. 〈상략上略〉, 〈중략中略〉, 〈하략下略〉으로 되어 있다. 이 책에서는 만물의 변화가 무상하기 때문에 강유剛柔, 즉 부드러움과 단단함을 활용하여 늘 정세변화에 맞추어 군대를 움직여야 한다고 말하고 있다. 강하게 하는 것만이 능사는 아니며, 부드러움이 강한 것을 이길 때도 있다. 오늘날 핵무기 때문에 함부로 전쟁을 할 수 없는 점도 있지만, 경제제재나 유엔을 통한 제재(테러국 지정, 인권문제 제기 등), 사이버 테러로 상대를 제압하려 하는 것 역시 '부드러움이 강한 것을 이긴다.'는 강유법에 해당하는 전략이다.

또 군대는 여러 사람이 모인 곳이므로 그 본성에 맞추어 부려야 한다고도 논하고 있다. 지략이 뛰어난 사람, 용기 있는 사람, 탐욕스런 사람 등 여러 종류의 사람이 모여 있는 곳이 군대이다. 사람관리를 잘해야 하는데, 오늘날 군대 내부에서의 인권유린과 폭력행사는 사람관리를 잘못한 장수의 책임이다. 궁극적으로 〈삼략〉에서는 군사와 전쟁은 하늘의 뜻에 따라야 한다고 말하고 있다. 이는 무력을 사용해야 할 명분이 충분해야 된다는 뜻이다.

《울료자蔚繚子》

국가의 정책이 전쟁의 승패를 좌우한다

진秦나라 시황제始皇帝를 섬기던 군사전략가 울료의 전쟁에 관한 논설집이다. 정치에 관한 논의도 함께 들어 있다. 《한서漢書》〈예문지〉에는 '《울료》 31편'으로 기록되어 있는데, 지금은 24편만 전한다.

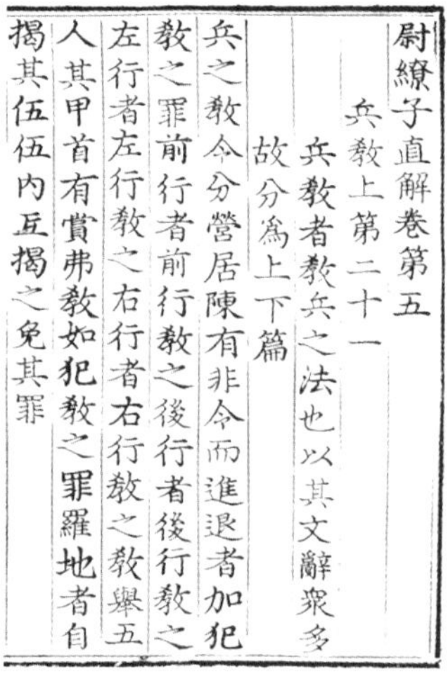

尉繚子直解卷第五
兵教上第二十一
兵教者教兵之法也以其文辭衆多
故分爲上下篇
兵之教令分營居陳有非令而進退者加犯
教之罪前行者前行教之後行者後行教之
左行者左行教之右行者右行教之教舉五
人其甲首有賞弗教如犯教之罪羅地者自
揭其伍伍內互揭之免其罪

《울료자직해蔚繚子直解》

《손자》, 《오자》를 제외하고 병법서 가운데 가장 일관된 체계를 갖추고 있다. 그러나 《손자》, 《오자》, 《맹자》, 《한비자》 등의 내용을 그대로 인용한 것이 있어서 위서僞書라는 설도 있다. 그러나 문장이 잘 정리되어 있다.

병법서는 오늘날 리더십 양성과 조직 관리, 경영 등에 활용하는 경우가 많은데, 이 책이 도움이 된다.

《사기史記》〈시황제본기始皇帝本紀〉에 보면, 울료는 진나라가 천하를 통일하기 전 진왕秦王(이름 정政)을 찾아가 진나라가 당시 천하 정세에서 고립되지 않을 정책을 설명했다. 진왕은 그를 발탁하려 했으나 울료가 왕의 사람됨이 시원찮다고 생각하여 떠나려 했고, 진왕은 그를 강제로 붙들어 등용한 뒤 그의 정책을 시행했다고 한다. 그가 논한 것은 단순한 병법과 전쟁론이 아니고, 정치와 연관시켜 어떻게 정치를 해야 전쟁에 이길 수 있느냐 하는 정책론에 중점을 두고 있다.

초나라 장수 공자심公子心이 제齊나라와 싸울 때 하늘에 혜성이 나타났다. 혜성의 꼬리가 가리키는 쪽이 이긴다고 점괘가 나왔으나 공자심은 이를 무시하고 제나라와 싸워 이겼다.(〈천관天官〉)

장수의 자격을 논하면, 장수는 운명에 지배당하지 않고, 환경에 지배당하지 않으며, 타인의 의견에 지배당하지 않아야 한다. 또 관대한 마음을 가져 정서적으로 안정되어 감정에 휘둘리지 않으며, 욕심에 사로잡히지 않아야 한다.(〈병담兵談〉)

또 나라가 침략을 당했을 때 다른 나라의 원조를 기대하는 경우가 많은데, 그것은 믿을 것이 못 된다. 항상 자력으로 준비가 되어 있어야 한다. 원군이 10만이라 해도 사실 충실하지 못한 군사가 많고, 재정적 부담 또한 많으므로 자력으로 이길 각오를 해야 한다.(〈제담制談〉)

지휘관이 아무 이유 없이 명령을 자주 바꾸면 안 된다. 약간 의심되는 부분이 있더라도 밀고 나가야 된다. 지휘관의 지혜와 결단이 중요하다.(〈전위戰威〉)

전쟁에는 먼저 공격하면 좋지 않다. 대의명분이 있을 때는 먼저 공격하여 기선을 제압하는 것이 중요하지만, 상대와 엇비슷하면 상대가 싸움을 걸어오기를 기다리는 것이 좋다. 어쩔 수 없이

싸운다는 태도가 대의명분에 유리하기 때문이다.(〈공권攻權〉)

성을 지킬 경우 외성外城 없이 본성本城 하나만 지키면 안 된다. 소극적 방어에는 병사의 사기가 떨어지기 쉽다.(〈수권守權〉)

또 전쟁은 어쩔 수 없이 치르는 것이므로 적대하지 않는 나라를 공격해서는 안 된다. 무고한 백성이 죽게 된다. 전쟁이란 포악한 자를 벌하는 수단일 뿐임을 명심해야 한다.(〈무의武議〉)

《사마법司馬法》

전쟁으로 전쟁을 그치게 하라

《사마법》은 사마양저司馬穰苴의 병법서로서 《손자병법》, 《오자병법吳子兵法》과 더불어 중국의 3대 병법으로 알려져 있다. 원래 이 병법서는 제나라 위왕威王 때 사마양저를 비롯한 여러 병가들이 왕명으로 편찬한 거질巨帙의 병법서인데, 산실散失되어 5편 1책만 남아 있다. 송대 '무경칠서武經七書'의 하나로 편입되어 널리 읽혔다. 주해서로는 명나라 유인劉寅이 직해한 《사마법직해司馬法直解》(《무경칠서직해》에 포함)가 많이 인용되고 있다. 사마양저에 대해서는 《사기》 〈사마양저열전〉에 자세히 기술되어 있다. 그의 원래 성씨는 전田이었는데, 제나라 경공 때 대사마大司馬의 벼슬을 하사받아, 그 이후 '사마양저'로 불리었다.

모두 5편으로 구성되어 있는데, 〈인본仁本〉편에서 전쟁의 근본 취지에 대해서 말하기를 "사람을 죽여서 사람을 편안히 할 수 있으면 사람을 죽여도 괜찮은 것이고, 남의 나라를 공격하여 그 백성을 사랑할 수 있으면 공격해도 괜찮은 것이고, 싸움으로써 싸움을 그치게 할 수 있으면 싸워도 괜찮은 것이다."라고 하여 전쟁의 긍정적인 면을 인仁의 정신을 가지고 말하고 있다.

〈엄위嚴位〉편에서는 군 기강 확립법, 군진軍陣 구성법, 기병과 보병의 상호보완, 장수의 자격, 적정賊情에 대한 정보와 대응전략

등을 언급하고 있다.

〈용중用衆〉편에 보면, 군사들의 사기 진작법으로 친족과의 서신 왕래를 끊는 것, 인재를 선발하여 병력에 충당하는 것, 적은 식량으로 필사전을 치르는 것, 적정에 따른 공수작전의 유연성 등을 논하고 있다. 그러나 이 책의 내용이 일관되게 정리되어 있지 않아 중복되는 내용도 있고, 오탈자도 더러 있는 것이 흠이다.

그러나 이 책의 장점은 첫째 적은 분량임에도 군사 각 방면에 걸쳐 언급하고 있다는 점, 즉 준비, 작전, 군진구성, 병기, 천시天時와 지리地理, 간첩의 활용, 군대 기율紀律, 군대 훈련 등에 이르기까지 간명하게 요점을 말하고 있는 점, 둘째 고대로부터 춘추시대까지의 용병用兵과 치병治兵의 원칙을 보존하고 있고, 하·은·주 삼대의 군제와 전쟁고사, 휘장徽章, 군례軍禮 등 귀중한 자료를 보존하고 있다는 점 등을 들 수 있다.

〈천자지의天子之義〉편에서는 백성을 가르쳐 군대로 내보내어 싸우게 해야 하는데, 가르치지 않고 싸우게 하는 것은 백성을 버리는 것이라고 말하고 있다. 또 군대의 복장으로 백성들이 사는 마을에 들어가지 않는데, 이는 무武가 문文을 이기기 때문이고, 반대로 백성들의 삶의 모습을 그대로 군대에 옮겨서는 안 되니 이는 문이 무를 이겨 군대 기강이 무너지기 때문이라고 말하고 있다.

요즈음 군 폭력이 문제가 되고 있다. 그렇다고 군 생활을 사이버로 보여주는 것도 군대의 특성을 무시하고 사기를 떨어뜨리는 일이니, 뒷말을 참고해보아야 한다.

《이위공문대李衛公問對》

병법과 제왕학을 논하다

당唐나라의 명장 이정李靖이 병법에 대한 태종太宗의 질문에 대답하면서 병법과 제왕학을 논한 책으로 문답식으로 되어 있어 '문대問對', 이정이 '위국공衛國公'에 봉해졌으므로 '이위공李衛公'이라 하였다. 원 책명은 《당태종이위공문대》이다. 저작연대는 600년대로 보인다. 상·중·하 세 권으로 이루어져 있고 소위 '무경칠서武經七書' 가운데 가장 늦게 만들어졌다. 이정이 대답하면서 옛 병서를 인용하여 자기의 경험과 이론으로 분석하고, 또 전쟁의 실례를 많이 들어 설득력이 있다. 20여 개 주제를 다루고 있다.

당나라는 제2대 태종대에 이르러 '정관貞觀의 치治'라고 하여 중국 역사상 최고의 황금기를 이루었다. 이정은 당 태종을 모시고 당나라 판도版圖를 넓힌 명장인데, 원래는 수隋나라의 장수였으나 당나라에 귀순하여 수나라 잔당을 토벌하고, 당나라가 천하를 통일한 후에는 서역西域을 공략하여 공을 세웠다. 혹 위서라는 설도 있으나 내용이 충실하여 지은이가 상당한 식견을 갖춘 인물로 추정된다.

태종이 "옛 병서에 병사 관리는 엄하게 해야 명령에 잘 따른다고 했는데 사실인가?"라고 물었다. 이에 대해 이위공이 대답하기를 "승패는 천차만별이라 법률과 형벌만으로는 이길 수 없습니다. 《손자병법》에는 '부하들과 친숙하지 않을 때 조그만 잘못에 대해 벌을 내리면 부하들이 따르지 않으며, 너무 친숙해져서 과실이 있어도 벌을 내리지 않으면 질서가 무너진다.'고 했습니다. 우선 애정으로 신뢰관계를 만들고 그 위에 잘못이 있으면 엄하게 벌하십시오. 먼저 엄하게 다루고 나중에 애정으로 다가가려 해서는 소용이 없습니다."라고 하였다.(〈중권中卷〉)

태종이 "전쟁에는 병력을 분산해서 싸울 때도 있고 집중해서 싸울 때도 있는데, 과거의 예를 들어보라."고 하였다. 이에 대해 이위공은 대답하기를 "부견符堅은 100만 대군을 거느리고 진晉나라와 싸웠지만 지고 말았습니다. 이는 군사를 집중할 줄만 알고 분산하는 법을 몰랐기 때문입니다. 한漢나라 장수 오한吳漢은 촉蜀나라 공손술公孫述과 싸울 때 부장副將 유상劉尙과 군사를 두 편으로 나누어 20리 정도 거리를 두고 진을 쳤습니다. 공손술이 쳐들어와 전투가 시작되어서는 두 부대가 곧 합류하여 적을 물리쳤습니다."라고 하였다.(〈하권下卷〉)

또 태종이 적의 사기를 떨어뜨리는 법에 대해 묻자, 이위공은 "전쟁에는 상대방의 사기를 잘 살펴 공략하는 것이 중요할 뿐만 아니라 아군 병사의 사기도 잘 살펴야 합니다. 인간은 기가 흐르기 때문에 감정을 무시할 수 없습니다. 아군도 사기가 오를 때 적을 공격해야 합니다."라고 하였다.(〈하권〉)

《손빈병법孫臏兵法》

전략·전술을 상세히 설명한 병법서

《손자병법孫子兵法》 외에 중국에는 몇 가지 병법서가 더 있다. 물론 《손자병법》만큼 체계적이지 않고 응용된 병법서이긴 하지만 《손자병법》과 다른 내용, 예를 들면 전략 전술 등에서 나름대로 참고할 내용이 있다. 특히 장군의 자질, 전쟁 상황 하에서의 지도력의 중요성 등 정치적인 내용도 담겨 있어 일고해볼 만하다. 그러나 어디까지나 손자의 병법이 기본이고, 그 외는 보완용으로 보면 좋다.

손빈孫臏

《손빈병법》은 손자, 즉 《손자병법》의 저자 손무孫武의 자손인 손빈의 저술로서 B.C. 320년경에 만들어졌는데, 근래(1972년) 한漢대의 묘에서 발굴되어 세상에 공개되었다. 분량이 《손자병법》의 약 2배에 달한다. 《손자병법》에 비해 소박한 모습을 그대로 가지고 있고, 특히 '공격'을 중시하며, 진지전陣地戰, 공성攻城 등 전략을 논하고, 또 승패의 원인, 지형과의 관계, 장수의 조건 등 전술에 대해서도 논하고 있다.

내용을 소개하면, '위위구조圍魏救趙(위나라를 포위해 조나라를 구함)'라는 전략이 있다. 위나라가 조나라를 침공했을 때, 조나라가 제나라에 도움을 요청했다. 제나라 장수가 조나라를 돕기 위해 출병하려 하자 손빈은 "무작정 싸움에 뛰어들어서는 안 된다. 적의 허점을 찌르고 들어가야 한다. 지금 위나라 정예부대가 출병했으므로 위나라 수도를 치면 된다."고 일러주었다. 그리하여 제나라 장수는 조나라로 가지 않고 위나라를 쳤다. 이에 위나라가 조나라에서 철군하자 공격하여 대승을 거두었다.

또 '손빈이 방연龐涓을 잡다.'라는 전략도 있다. 방연은 위나라 장수였는데, 손빈을 시기 질투하여 위나라로 유인하여 형벌을 가하고 감금하였다. 이때 위나라가 한나라를 공격, 한나라는 제나라에 도움을 요청했다. 이번에는 제나라는 위나라를 공격하였다. 손빈은 제나라 장수에게 계책을 일러주기를 "위나라 대군이 오면 퇴각하되, 야영지 아궁이 수를 줄여 나약함을 보여 적을 속여라." 이런 식으로 하여 적의 자만심을 역이용하여 승리를 거두었다.

병법은 군사의 문제이나, 정치와 외교력이 뒷받침되어야 한다. 그러므로 병법서는 군인만이 아니라 정치지도자와 외교관도 읽어야 한다. 북한을 자기네 울타리로 생각하는 중국의 전통적 중화주의 대외정책, 생존을 위한 한·미연합의 필요성, 일본의 침략성, 이런 상황이 오늘날도 우리에게 병법의 필요성을 높이고 있다.

《삼십육계三十六計》

줄행랑이 최선의 방책

'삼십육계 줄행랑'이라는 세속 상용어가 있음을 모두 잘 알고 있고, 가끔 활용하기도 한다. '줄행랑'은 도망간다는 말의 속어이다. 이 말이 이 《삼십육계》라는 병서에서 나왔다. 뜻은 상황이 불리하면 도망가는 것이 최선의 방책이라는 것이다. 물론 상황에 따라서 해야 하는 것이 용병술이므로 다른 전술도 알고 있어야 한다. 누가 지은 것인지 알 수 없으나 내용은 충실하다. 중국인다운 지혜가 숨어 있다. 고대 병법의 핵심을 모아놓아 지도자들이 많이 읽었다. 실제 정치나 사회생활에도 활용될 만한 병법이론이 들어 있기 때문이다.

병법에는 기묘한 속임수를 사용한 전술이 들어 있는데, 병서를 볼 때 이 면에만 주목하면 안 된다. 훌륭한 장수론에서는 '신의信義'와 같은 덕목이 강조되고 있으므로 속임수 전술과 모순되는데, 응용하는 자는 '전쟁戰爭'이라는 상황하에서 기만책으로 활용할 수 있다는 점을 충분히 인식하고 있어야 한다.

《삼십육계》(계計는 책策과 같은 뜻으로 오늘날 말하면 전술에 해당)는 6개의 큰 분류로 나누어져 있고, 또다시 각 부별로 6개씩 안배하여 소개하고 있다. 6부의 제목을 보면 대략 내용을 짐작할 수 있다.

제1부 승전계勝戰計 : 아군의 형세가 승리할 조건을 갖추고 있을 때 진격하여 적을 압도하는 작전(1-6계)

제2부 적전계敵戰計 : 적군과 아군의 세력이 비슷할 때 기묘한 전략으로 상대를 미혹시켜 승리를 이끄는 작전(7-12계)

제3부 공전계攻戰計 : 지피지기知彼知己한 다음 대책을 세워 적을 공격하는 작전(13-18계)

제4부 혼전계混戰計 : 적이 혼란한 틈을 타 승기를 잡는 작전(19-24계)

제5부 병전계併戰計 : 상황에 따라 언제든지 적이 될 수 있는 우군友軍을 배반하여 이를 이용하는 전략(25-30계)

제6부 패전계敗戰計 : 상황이 가장 불리할 때 열세를 바꾸어 패배를 승리로 이끄는 전략(31-36계)

이 중에서 재미있는 전술 몇 개를 소개하면 다음과 같다.

만천과해瞞天過海 전술(제1부 첫 번째) 하늘을 속이고 바다를 지난다는 뜻. 위장술로 상대를 속여 그 틈을 이용해 승리를 얻는 방법인데, 공격할지 안 할지 모호하게 하여 상대를 속이는 것이다. 그러면 상대가 경계심을 갖지 않을 것이고 그 틈을 이용하는 것이다. 6·25사변(한국전쟁)에서도 전쟁 원인을 분석하면 이런 점을 찾을 수 있다. 미국이 극동 군사 방어선에서 한국을 제외한 데서 틈이 생겼고, 김일성이 외부로는 침략하지 않을 듯한 태도를 취하면서 스탈린과 비밀교섭을 벌였다. 속임수와 방심을 틈탄 전술 내용이 들어 있다.

성동격서聲東擊西 전술(제1부 여섯 번째) 동쪽을 공격할 듯 시끄럽게 하면서 서쪽을 공격한다는 전술이다. 양동작전陽動作戰이라고도 하는데, 일종의 속임수 전술이다. 한국전쟁 당시 유엔군은 인천상륙작전을 감추기 위해 원산이나 군산 등에 공습이나 항공모함을 배치하는 등 교란작전을 병행하였다. 한국군 상당수가 상륙작전 교란에 동원되어 많은 희생자가 나기도 했다. 한편 인천상륙작전에 시간이 필요한 만큼 낙동강 사수에도 전력을 기울인 결과 그때 젊은 학도병이 많이 희생되었다.

격안관화隔岸觀火의 전술(제2부 아홉 번째) 아군이 전력이 우세하다고 해서 바로 공격해서는 안 된다. 이긴다 하더라도 아군의 희생이 클 수 있기 때문이다. 그러므로 적 내부의 정보를 입수하여 상황을 보는 것이 중요하다. 적의 내부에 내분이 있을 경우 가만히 지켜보면서 상대가 자멸하기를 기다리는 전략이다. 지금 북한과 남한이 서로 내분이 있는가를 살피고 있는 형세이다. 이념갈등을 일으켜 내분을 조장하기도 하고 실제로 이념 동조자(첩자)를 보내 시민운동, 노동운동, 교육개혁이라는 이름으로 우군을 각 영역에 잠입·배치하여 내분을 조장하기도 한다.(민족주의 전선) 이와 병행하여 제한된 기습 공격을 하기도 하고, 사이버 공격을 이용하기도 한다. 옛날과 달리 핵무기와 미사일 무기를 방패로 삼기 때문에 응전應戰도 쉽지 않다.

차시환혼借屍還魂의 전술(제3부 열네 번째) 죽은 시체를 빌려 혼이 다시 살아난다는 뜻인데, 이용할 수 있는 것은 무엇이든지 이용하여 세력을 확대하는 전술이다. 이용하는 목적은 여러 가지이다.

자기 방어용일 수도 있고, 세력 확대용일 수도, 기반을 더 다지는 목적일 수도 있다. 다만 상대가 세력이 약하고 이용가치가 있어야 한다.

삼국시대 유비劉備가 촉蜀 지방에 일찍부터 욕심이 있었지만 유장劉璋이란 자가 그런대로 잘 다스리고 있어 군대를 움직일 명분이 없었다. 그러던 차에 유장이 북방 수비에 불안을 느낀 나머지 유비에게 도움을 요청했다. 유비는 그것을 구실 삼아 군대를 이끌고 가서 촉 지방을 차지해버렸다.

그 밖에 욕금고종欲擒故縱은 큰 목적을 위해 작은 일(이익)은 내어준다는 뜻인데, 칠종칠금七縱七擒이라는 고사도 여기에서 나왔다. 제갈공명이 남방 이민족을 진압할 때 쓴 전술이다. 투량환주偸梁換柱는 대들보를 훔치고 기둥을 빼간다는 뜻인데, 모략으로 상대방의 중요 실권자에게 뇌물을 주어 전의를 상실케 한다는 전술이다. 주위상走爲上은 마지막 전술로서 싸움을 피하는 것이 상책이라는 뜻이다. 이 구절이 바로 '삼십육계 줄행랑'이란 말을 가리킨다. '싸워 지지 않았다.', '군대를 보존했다.'는 명분이 있다.

《제갈량집諸葛亮集》

천하제일의 군사 전략가, 제갈공명諸葛孔明의 문집

중국인에게도 가장 인기가 높고 우리에게도 《삼국지》와 더불어 잘 알려진 제갈량은 유능한 정치가이기도 하지만 또한 탁월한 병법을 운용한 군사 전략가이기도 하다. 이 책은 대제국 한漢나라가 망하고 위魏·오吳·촉蜀 삼국이 정립鼎立할 때 촉나라의 정치 참모 겸 군사 이론가로서 유비劉備를 모신 제갈량의 글을 후세에 모아 편집한 것이다. 정사正史 《삼국지》에는 24편이 있었다고 하나 산실되어 전하는 것이 없는데, 그 후 《제갈량집》이라는 이름의 책이 더러 나타났다. 그중에서 청나라 때 나온 장주張澍의 《제갈충무후문집諸葛忠武侯文集》의 내용이 충실한데, 제목만 바꾼 것이 《제갈량집》이다. 문집 4권, 부록 2권, 고사 5권으로 되어 있다. 문집은 공명孔明의 저술이고 부록은 관계자의 문서이며, 고사는 공명에 대한 기록으로 그 인물 전모를 알 수 있도록 편집되어 있다.

소설 《삼국지》를 통하여 우리에게 천하제일의 군사 전략가로 알려져 있지만, 사실 촉나라보다 7배나 강한 위나라와 5차례나 싸워서 한 번도 성공하지 못한 실패한 전략가였다. 그리고 그 자신은 원정 도중에 병으로 쓰러져 죽었다. 정사 《삼국지》에서 그를 평하기를 "해마다 군사를 일으켰으나 한 번도 성공하지 못했다. 아마 그는 응변應辯의 전략에 능하지 못한 인물인 것 같다."라고 했다. 소설이 패배자를 동정하여 미화한 측면이 다분히 있다.

세력이 약한 촉나라 유비가 강한 위나라와 대항하여 나라를 지키고자 했을 때 자기를 보좌해줄 큰 인물이 필요했을 것이다. 그리하여 삼고초려三顧草廬하여 제갈량을 모시고 왔는데, 유비는 자기가 죽으면, 아들에게 능력이 없으니 공명이 왕위에 올라야 한다고 말할 정도로 정치 지도자로서 자질을 갖춘 인물이었다.

공명은 유비가 죽은 후 그의 유지遺旨를 받들어 촉나라 전권을 장악하고, 원정군을 이끌고 위나라와 다섯 차례나 싸웠다. 그러나 이 싸움은 두 나라의 국력을 비교해보면 쉽게 이길 수 없는 싸움이라는 것을 공명은 잘 알고 있었다. 선왕의 유지를 받들기 위해서 어쩔 수 없는 선택을 해야 했던 공명은 최악의 경우 지지 않을 싸움을 하자는 전략을 가지고 있었다. 위험한 승부수보다 견실한 작전으로 일관한 신중한 작전론이 공명의 병법이었다.

공명의 능력은 오히려 다른 데서 발휘되었으니, 10년 가까이 총력전을 펼치면서도 국정의 혼란이 없었다는 것이다. 이는 보통의 리더십으로는 어려운 일이다. 어떻게 했을까? 비결은 엄한 '신상필벌信賞必罰'을 행하는 데 있었다. 그러나 백성들의 불평이 없었다. 이는 공평무사하게 일을 처리했기 때문이다. 처벌을 받는 사람 쪽에서 수긍할 수밖에 없도록 했다. 그가 정치가로서 돋보이는 이유이다.

제갈량이 국력이 약한 촉나라 유비의 정치참모 겸 군사참모로서 초빙을 받아 왔지만 강한 위나라와 싸워 당할 재간이 없었다. 그에게는 우선 국내정치를 안정시키고 국력을 결집시켜 최소한 패배하지 않는 싸움을 하는 것이 급선무였다. 그러므로 그의 용병술은 건실한 작전이 핵심을 이루었다. 그의 용병술을 요약하면 다음과 같다.

잘 싸우는 자는 완벽한 작전계획을 세운다. 그래야 진퇴를 신속하게 할 수 있다. 이 작전계획은 비밀로 한다. 또 지휘자는 감정의 동요가 없어야 한다. 병졸은 각자 맡은 임무에 전력을 다해야 병력이 극대화될 수 있다.

적이 수비를 견고하게 하고 있을 때는 약한 부분을 공격한다. 적이 진영陣營에서 나와 싸우기 시작할 때는 기습공격을 한다. 적과 아군이 맞부딪쳤을 때는 지리적 이점을 이용하여 진을 친다. 아군이 출동했는데 적이 움츠러들면 좌우 양 날개를 공격한다. 적이 연합군일 때는 주력부대를 공격한다. 지리적 이점, 전쟁 시기의 이점을 잘 챙겨야 한다. 이와 같은 전술이 필요하다. (〈편의便宜〉 16책)

공명은 용병用兵(병사를 활용하여 전투를 치름)의 품격을 3가지로 평가한다. 최고는 전쟁상황에 가기 전에 미리 사태를 예방한다. 오늘날 소위 정치 외교적 노력이 이에 해당한다. 보통 용병은 적과 대적하면서 강한 무기를 사용하여 적을 압박해 들어간다.(〈장원將苑〉) 역사상 보이는 힘의 전쟁이 이런 것이다. 그러나 명분이 약한 전쟁이 많았다. 최악의 용병은 눈앞의 승부에 집착하여 적과 아군 모두 많은 사상자가 나는 전쟁이다. 고대 종교전쟁, 1, 2차 세계대전, 월남전 같은 전쟁이다.

공명은 장수의 각오 15조를 말했는데, 오늘날 참고해야 할 것으로, 여慮(간첩을 활용, 사이버 테러와 유관), 염廉(이익에 마음이 흔들리지 않음) 신信(거짓을 말하지 않음) 인仁(부하를 사랑함) 등을 꼽을 수 있다.(〈장원將苑〉) 이 모두가 장수의 덕인데, 매우 상식적인 것이나, 오늘날도 잘 지켜지지 않는다.

또 공명은 장수의 결격사유도 몇 가지 들었는데, 탐욕, 유능한 인물에 대한 질투, 참언讒言을 받아들이고 간신을 가까이 함, 우유부단한 태도, 진실성이 없는 것 등을 들었다.(〈장원將苑〉) 이는 기본덕목이지만, 오늘날 적의운용適宜運用해야 할 상황에서 응변하더라도 장수의 기본태도는 변함이 없다.

제갈량諸葛亮

그의 정치론으로서는 두 가지 요점을 들 수 있다. 하나는 심모원려深謀遠慮, 다른 하나는 신상필벌이다.(〈편의便宜〉 16책) 지도자는 앞날을 내다보고 일을 처리해야 한다. 신상필벌을 제대로 하지 않으면 사람들의 불평이 많이 생기고 국력이 분산된다.

《이십사효二十四孝》

서민을 위한 도덕 교과서

원元나라 곽거경郭居敬이 중국의 대표적인 효자 24인을 추려 지은 책으로 1300년경에 만들어졌다. 다양한 판본이 있는데, 원나라 때 곽수정郭守正이 편찬한 《이십사효도》도 있다. 일종의 서민 도덕 교과서로 지금 보면 이해 안 되는 효행도 있지만, 봉건시대 교육에 의해 뇌리에 박혀 다른 어떤 책보다 영향이 컸다. 조선조에서는 세종 때 《삼강행실도三綱行實圖》를 만들었는데, 효행 부분에서는 이 책을 많이 참고하였다.

중국 근대 유명한 문학가인 노신魯迅이 그의 소설 《이십사효도二十四孝圖》에서 소년 시절 이 책을 읽고 느낀 소감을 적어놓았는데, 즉 "한漢나라 때의 곽거郭巨가 부모를 위해 자식을 묻으려했다."는 이야기에 이르러 큰 충격을 받았다고 했다. 곽거가 아이는 또 낳을 수 있지만 부모는 한번 돌아가시면 다시 볼 수 없으므로 가난한 살림에 하는 수 없이 아이를 땅에 묻으려 했다는 것인데, 하늘이 효심에 감동하여 땅에서 황금 솥 하나를 내주어 비로소 가슴을 쓸어내렸다는 이야기이다. 그리하여 노신은 자기 아버지가 효자가 되려는 것은 아닌지(그래서 자신을 혹 죽이지는 않을까 하여) 걱정하였다고 한다.

진晉나라 오맹吳猛은 여덟 살밖에 안 된 아이였으나 효자였다.

집이 가난하여 모기장을 칠 수 없어, 오맹은 자신의 몸에 앉은 모기를 좇으려 하지 않았다. 모기가 부모의 몸에 앉지 못하도록 하기 위해서였다.

한漢나라의 동영董永은 집이 가난하여 아버지가 돌아가셨는데도 장례를 치를 수가 없자 자신을 고용살이에 팔아 그 돈으로 장례를 치렀다. 얼마 뒤 길에서 한 여자를 우연히 만났다. 그 여자는 스스로 동영의 아내가 되어 비단을 짜서 그 빚을 다 갚았다. 그러고 나서 그 여자는 자신이 하늘에서 내려온 직녀織女라고 하면서 하늘 높이 날아가버렸다.

남제南齊의 유검루庾黔婁는 현령으로 근무 중 이상한 예감이 들어 집에 와 보니 과연 아버지가 편찮으셨다. 의원도 아버지의 병을 알아내지 못하여 그저 아버지의 분변糞便을 맛보고 짐작할 뿐이었다. 어느 날 그 맛이 달자 유검루는 아버지의 병환이 가망이 없다는 것을 알고 천지신명께 기도를 드렸다. 그러나 아버지는 곧 돌아가시고 말았다.

또 노래자老萊子는 부모를 기쁘게 해드리기 위

《오륜행실도五倫行實圖》 검루상분黔婁嘗糞

해 나이 70이 되어도 어린아이처럼 행동했다.

정란丁蘭은 돌아가신 부모님의 목상木像을 깎아 마치 부모님이 살아계신 것처럼 모셨다.

《신어新語》

유가사상을 기반으로 통치이념을 정리한 책

이 책은 육가陸賈의 저술인데, 그는 한나라가 유가儒家사상을 통치이념으로 삼게 만드는 데 초석을 다진 인물이다. 육가는 B.C. 240년경에 태어나 B.C. 170년경에 죽은 것으로 짐작된다. 한 고조 유방劉邦의 추종자들처럼 평민출신이었으나, 순자荀子의 제자에게 유가사상을 배웠다. 《신어》는 새로 창업한 한 제국의 통치이념 정립에 목표를 두었다. 또한 유가사상을 기본으로 삼되 법가法家, 도가道家, 음양가陰陽家 사상을 참고하여 보완하고 있다. 역사적으로 중시되지 않았던 것은 이 때문이기도 하고, 또 맹자를 추종한 송나라 이후 성리학자가 도덕 지상주의 입장을 강조해 순자 등 유가 내의 현실주의자를 비판, 배척하였기 때문이기도 하다.

이 책의 목차를 보면 유가사상을 주 내용으로 하고 있음을 알 수 있다. 즉 도기道基, 술사術事, 보정輔政, 무위無爲, 변혹辨惑, 신미愼微 등 12조목이다. 〈보정〉편에서 말하기를 "진秦나라가 형벌을 보금자리로 했기 때문에 둥지가 뒤집히고 알이 깨지는 환난을 당하였는데, 이는 이사李斯와 조고趙高를 지팡이로 삼았기 때문이다. 즉 사람을 잘못 임용했기 때문이다."라고 하고 있다.

〈변혹〉편에서는 "효자인 증자曾子와 이름이 같은 사람이 살인을 저질렀는데, 어떤 사람이 증자 어머니에게 '삼參(증자의 이름)이 사람을 죽였다.'고 아뢰었다. 증자의 어머니는 흔들림 없이 베를 짜고 있었다. 잠시 후 또 그렇게 알려오는 사람이 있었고, 그리하여 세 사람이나 되자 증자 어머니는 베틀을 던져버리고 담을 넘어 도망가 버리고 말았다. 증자 어머니는 증자가 살인을 하지 않았다는 것을 모른 것이 아니라 그렇게 말하는 사람이 많았기 때문에 도망간 것이다. 유언비어가 겹쳐 오고 무수한 사람들이 시비是非하는 일이면 아무리 현명한 사람이라도 자기가 알아서 끝내지 못하는데 하물며 보통 사람이겠는가?"라고 하였다. 오늘날 인터넷 악플을 연상시킨다.

〈신미〉편에서는 "천하에 큰 공을 세운 사람은 반드시 자기 가정 내에서부터 수양을 잘하고, 만세에 큰 명성을 드리운 사람은 미세한 작은 일부터 먼저 실천한다."라고 말하고 있다.

또 〈본행本行〉편에서는 "나라를 다스리는 데는 도덕을 최상으로 여겨야 한다. 그러므로 높은 지위에 있으면서도 덕이 없는 사람은 퇴출시켜야 하고, 풍부한 재물을 가지고 있으면서도 인간성이 좋지 않은 사람은 형벌을 가해야 한다. 신분이 천하지만 덕을 좋아하는 사람은 존귀하게 해주고, 가난하면서도 예의가 있는 사람은 영달시켜야 한다."라고 말하고 있다.

〈명계明誡〉편에서는 "세상이 쇠락해가고 도덕이 상실된 상황은 하늘이 그렇게 만든 게 아니라 군주 자신이 그런 행위를 했기 때문에 얻어진 결과이다. 사악한 정치는 사악한 기운을 낳으며, 사악한 기운은 재앙과 이변을 낳는다."라고 말하고 있다.

《한시외전韓詩外傳》

인생의 지혜를 담은 시화집詩話集

동양고전을 지식으로보다 삶의 지혜를 얻기 위한 수단으로 여러 책을 소개했는데, 이런 책을 한꺼번에 볼 수 있는 방법이 없을까? 여기 소개하는 《한시외전》이 그 답이 될 수 있을 것이다. 이 책은 한漢나라 때 한영韓嬰(생몰연대 미상, 전한 초기 인물)이 《시경詩經》의 구절을 당시까지 전하던 아름다운 일화와 연결하여 해석한 책이다. 주석 성격이 아니므로 '외전'이라 하고 그의 성을 따서 '한시외전'이라 이름 붙였다.(당시 노시魯詩, 제시齊詩와 함께 삼가시三家詩라 함) 10권 310장이다.

한영은 《한서漢書》〈유림전儒林傳〉에 의하면 당시 연燕(지금의 북경) 지방에서 《시경》을 해석 잘하는 자로서 알려져 있었고, 《역易》에도 밝았다 한다. 한 무제 때는 동중서와 경학에 대해 논변했다고 한다.

우리가 잘 아는 "나무가 고요하고자 하나 바람이 멎지 아니하고, 자식이 봉양하고자 하나 어버이가 기다려주지 않는다."라는 구절도 이 책에서 나왔다. 한나라 때 저술풍토는 당시까지의 기록이나 민간 고사를 누구라도 자기 책에 옮겨 적을 수가 있었다. 그래서 당시 "나는 너를 베끼고 너는 나를 베낀다."라고 했다고 한다. 그러므로 여기 실린 내용이 다른 책에도 실려 있다.

그리하여 이 책은 춘추시대 역사 고사는 물론 민간 잡설, 제자백가에 실린 고사를 폭넓게 인용하고, 그 끝에 《시경》의 한두 구절을 들어 그 뜻을 확증하는 체제로 되어 있다.(첫머리에 잘 알려진 내용으로 제목을 붙였다.) 모두가 유가儒家의 경세제민經世濟民, 애민화육愛民化育, 인의도덕仁義道德, 처세비유處世譬喩 등 교훈적인 일화들로 가득 차 있다.

이 체제는 독특한 체제로 한나라 때 흥하였던 《설원》, 《신서》, 《열녀전》, 《안자춘추》 등과는 편집 목적이 달랐다. 그러므로 여기 실린 내용이 위의 책 등을 비롯, 《전국책》, 《좌전》, 《순자》, 《국어》, 《춘추번로》, 《회남자》, 《여씨춘추》, 《한비자》, 《논형》, 《열자》, 《노자》, 《장자》, 《맹자》, 《공자가어》 등 제자백가 여러 책에도 중복 실려 있다. 한두 조목 예로 들어본다.

용서할 수 없는 죄악〔不仁之至〕 불인不仁 중에 가장 심한 것이 그 어버이를 홀대하는 것이요, 불충不忠 중에 가장 심한 경우는 그 임금을 배반하는 것이요, 불신不信 중에 가장 심한 일은 그 친구를 속이는 것이다. 《시》에 이렇게 말하였다. “사람으로서 예가 없으니 죽지 않고 어쩌리오!”(〈1편 7장〉)

선비로서의 언행〔所謂士者〕 선비는 말을 많이 하는 데 힘쓰는 것이 아니고 그 행동과 합치되는가 살피는 데 힘쓴다. 말은 내뱉었으면 그에 맞는 이유가 있어야 하고, 물건처럼 바꿀 수가 없는 것이다. 《시》에 이렇게 말하였다. “내 마음 돌이 아니니 굴릴 수도 없지. 내 마음 돗자리가 아니니 말 수도 없지.”(〈1편 10장〉)

《잠부론潛夫論》

합리적이고 날카로운 시대 비판서

이 책은 동한東漢(후한後漢) 중기의 유명한 학자이자 사상가인 왕부王符(대략 85~162)의 저작이다. '잠부'라고 한 것은 《주역周易》의 '잠룡물용潛龍勿用'에서 따왔다. '물에 잠긴 용'을 쓰지 않는다는 것은 아직 세상에 나와 활동하지 않는다는 뜻인데, 자신을 이 '잠룡'에 비유한 것이다. 즉 초야에 묻힌 재야학자가 현실에 대해서 발언한다는 뜻이다. 사실 그는 관로官路에 발을 들여놓지 않고 오로지 독서와 저술로 일관한 인물이다.

책은 모두 36편인데, 편마다 제목을 붙이고, 마지막 편은 앞의 편 내용을 요약하고 있다. 내용은 당시 정치의 득실, 점과 무당 같은 세속의 미신에 대한 것, 관리의 사치와 부패, 낭비, 탐학을 폭로하고 대책을 강구한 것, 변방과 이민족의 침입에 대한 방비책, 소송과 형법제도의 문제점과 개혁방안, 그 밖에 여러 가지 역사적 사례나 혹은 잡다한 이야깃거리 등 여러 방면에 걸쳐 다양한 지식과 식견을 표출하고 있다. 표현이 매우 논리적이며 이야기 전개가 합리적이고 치밀하다.

저자 왕부는 후한의 정치 부패와 황건적의 난으로 백성의 고통이 격심하던 시대를 살면서 벼슬하지 않고 은거하여 독서에만 몰두하였다. 그의 합리적이고 날카로운 시대비판은 왕충王充의 《논형論衡》이나 중장통仲長統의 《창언昌言》과 비견된다. 《후한서》에 보면 이 세 사람의 전기를 하나로 묶어 실으면서 "당시 좀벌레를 자세히 보고 정치문제를 잘 밝혔다."라고 칭송하였다. 또 당나라 때 문호 한유韓愈는 〈후한삼현찬後漢三賢贊〉을 지어 찬양하고 있다.

그의 사상의 요체는 원기론元氣論, 음양론陰陽論, 그리고 인본주의人本主義 정신에 있다. 그러므로 당시의 온갖 미신을 비난하면서 오직 지혜와 끊임없는 학습, 훈련을 강조하고 있다. 공자 또한 선천적으로 훌륭하게 타고난 사람이 아니라고 주장한다. 이런 합리적 사고에 기반하여 당시 정치 폐해를 개혁해야 한다고 주장했는데, 그 중에는 오늘날도 참고할 만한 것이 많다.

〈현난賢難〉편에 재미있는 얘기가 실려 있다. "속담에 '개 한 마리가 어떤 그림자를 보고 짖으니, 온갖 개들이 그 소리를 듣고 또 짖는다.〔一犬吠形 百犬吠聲〕' 하였다. 나는 세상 사람들이 사실의 진위를 알아보려 하지 않는 데 대해 마음이 아프다." 이 말은 남의 말에 동조하여 그대로 따라하는 것을 꾸짖는 충고이다. 오늘날도 이렇게 부화뇌동附和雷同하는 것이 인심이다. 그 때문에 허위광고에 속고 사기를 당하는 것이다. 그래서 그는 정치에서 어진 이를 얻기 어렵다고 한다. 선한 사람은 질투를 받기 쉽기 때문이다.

또 그는 "사람은 누구나 지혜와 덕이 있지만 이익 때문에 혼미해지는 고통을 겪는다. 부귀영화를 구하다 행동을 그르치니, 덕행을 닦아 도덕원칙을 지켜야 한다. 부귀富貴와 인仁은 반대되니 어디로 갈 것인지 조심해야 한다."라고 하였다.(서록敍錄)

《신서新序》

상소문 대신 책을 엮어 임금에게 간언하다

이 책은 역사서에서 고사故事(스토리 자료)가 될 만한 내용, 즉 감화를 주고, 교훈이 될 만한 것을 뽑아 엮은 것이다. 저자 유향劉向은 한나라의 왕족 출신으로 일찍이 궁중 도서실에서 서책을 정리하면서 많은 책을 열람한 경험을 바탕으로 이 책을 엮었고, 그 후 《설원說苑》을 또 엮었다. 그는 이 책으로 한 왕조에 풍간諷諫(예화로 간접적으로 간언함)하기 위해 상소문 대신 지었다고 한다.

당시 전한前漢 말기는 외척과 환관의 발호로 망국의 조짐이 나타날 때여서 유향은 천자를 설득해보려 상소문을 여러 번 올렸으나 천자가 가납假納만 하고 실천에 나서지 않자 역사서를 참고하여 상소 대신 이 책을 지었던 것이다.

'신서'라는 제목은 '새롭게 순서를 정해 내용을 분류 정리한다.'는 의미이다. B.C. 24년경에 완성되었다. 고대로부터 한대漢代에 이르기까지 많은 인물들의 일화와 고사를 중심으로 가언선행嘉言善行 188가지를 소설보다 더 아름다운 문체로 엮어놓고 있다. 그는 궁중 도서를 교정하여 《별록別錄》을 지어 '목록학'의 선구가 되었고, 한나라 초기 '오경'을 편찬할 때도 참여하였다. 그 아들 유흠劉歆 역시 선대를 계승하여 《칠략七略》을 완성하였다.

그가 궁중 귀중도서를 열람하면서 목록을 편찬해야 되겠다고 느낀 이유는, 당시 도서가 죽간竹簡이나 목간木簡 혹은 백서帛書여서 훼손과 탈간, 탈락을 염려한 나머지 목록작업의 필요성을 강하게 느꼈기 때문이다. 한나라에 와서는 진나라 때 흩어진 도서와 자료를 정리하고 교감, 교정하는 일이 매우 중요하여 '훈고학訓詁學'이 발달했는데, 유향은 이 조류에 맞추어 고서를 수집하고 분류, 교정, 편집하는 데 능력을 발휘하였다.

그는 사료로서 일사逸事와 기문奇聞은 물론 신화神話와 전설傳說에까지도 폭넓게 수집하였다. 이에 따라 《열녀전列女傳》, 《열선전列仙傳》, 《열사전列士傳》 등 인물전기 편찬은 물론 《전국책戰國策》과 같은 외교책략을 모은 저술도 펴냈다. 이제 책의 목차만 살펴본다.(대표적인 것만 예로 듦)

〈잡사雜事〉-1 舜임금의 아버지 고수瞽瞍가 순을 죽이려 하다.
사람은 죽음에 이르러 그 말이 선하다.
〈잡사〉-2 여러 사람의 말을 잘 듣는 것이 임금의 총명이다.
귀신은 바른 도를 이길 수 없다.
〈잡사〉-3 죽은 말의 뼈를 사서 천리마를 구하다.
〈잡사〉-4 현자를 얻은 왕은 편안해진다.
마음속의 정성은 만물을 감화시킨다.
〈잡사〉-5 스승이 없는 성인은 없다.
관중과 포숙의 사귐
〈자사刺奢〉 사방 8천 리 되는 누대樓臺
〈절사節士〉 흉노에게 끝까지 저항한 소무蘇武

〈의용義勇〉 모욕을 씻기 위한 변장자卞莊子

〈선모善謀〉-1 입술이 없으면 이가 시린 법

〈선모〉-2 10개 성을 잃을 것인가, 나라를 잃을 것인가.

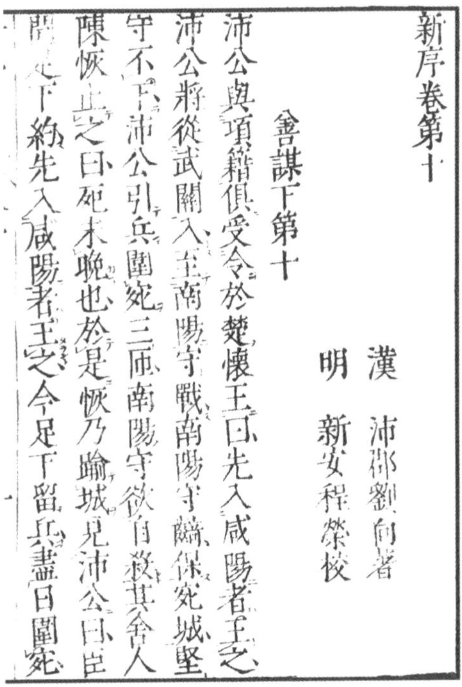
新序卷第十

漢 沛郡劉向著

明 新安程榮校

善謀下第十

沛公與項籍俱受令於楚懷王曰先入咸陽者王之沛公將從武關入至南陽守戰南陽守齮保宛城堅守不下沛公引兵圍宛三匝南陽守欲自殺其舍人陳恢止之曰死未晩也於是恢乃踰城見沛公曰臣聞足下約先入咸陽者王之今足下留兵盡日圍宛

《신서新序》

《설원說苑》

이야기 동산에서 군주를 훈계하다

B.C. 6세기경 유향劉向이 편찬하였는데, 책 제목이 시사하는 바와 같이 여러 가지 이야기〔說〕를 동산〔苑〕에 모아놓았다는 의미이다. 원래 이 책은 천자에게 간언하기 위해 일화를 모아놓은 것인데, 내용은 군주의 올바른 자세, 신하의 마음가짐, 일반적인 처세훈으로 나눌 수 있다. 고대부터 한나라 때까지의 온갖 지혜와 잠언이 담긴 이야기를 모은 것으로, 그 분량이 상당하여 무려 800여 편에 이른다. 당나라 말기와 오대십국五代十國 시기를 거치면서 산실되어 5권만 남아 있었는데, 송나라 문장가 증공曾鞏이 복원하여 20권이 되었다. 기사의 대부분은 고서에서 뽑은 일화와 이야기이지만 원전이 사라졌기 때문에 이 책이 자료집으로도 큰 가치가 있다. 항간의 설화도 있어 풍속자료로서도 중요하다. 재미있는 이야기 한두 가지를 추려본다.

초楚나라 장왕莊王이 신하들을 위하여 잔치를 벌였다. 한창 술이 거나하게 오를 때 등불이 꺼지고 말았다. 그 틈을 타 어떤 신하가 아름다운 한 후궁에게 수작을 걸었다. 그러자 그 후궁은 그자의 갓끈을 끊어서 왕에게 보여주며 "어떤 신하가 불 꺼진 틈을 타 저에게 수작을 걸었습니다. 제가 그자의 갓끈을 가지고 있습니다. 불이 켜지면 그자를 잡아주십시오."라고 했다. 그러자 왕은 즉시 신하들에게 모두 갓끈을 끊으라고 명하고, 조금 있다 불을 밝혔다.

3년 뒤 초楚나라와 진晉나라 사이에 전쟁이 일어났다. 그때 선두에서 용감하게 싸우는 신하가 있었다. 그의 용맹으로 초나라는 진나라를 물리쳤다. 왕은 그 신하를 조용히 불러 연유를 물었다. 그 신하는 바로 후궁에게 수작을 걸다가 갓끈을 끊긴 신하였다. 왕이 그때 모두 갓끈을 끊으라 한 것은 술자리에서 한 여자 때문에 일어난 일로 신하에게 부끄러움을 줄 수 없다는 생각 때문이었다.

공자 제자 중에 용감한 성격의 자로子路가 있었는데, 그가 어느 고을의 수령이 되어 수해에 대비하기 위해 백성들과 함께 수로를 정비하는 공사를 하고 있었다. 사람들이 힘들어하자 자로는 자기 돈으로 음식을 사서 제공하려고 했다. 이 말을 들은 공자는 제자 자공子貢을 시켜 음식 제공을 중지토록 일렀다. 이에 자로가 불쾌한 표정을 지으며 공자에게 따졌다. 그러자 공자는 "너는 백성들이 굶주린다는 사실을 알면서도 왜 왕에게 고하여 비축미를 방출하여 구제하도록 하지 않았느냐? 너는 왕의 은혜를 밝히지 않고 사사로이 덕을 베풀려 하느냐? 빨리 그만두지 않으면 네가 죄를 뒤집어쓰게 될 것이다."라고 하였다.

공자의 생각은 관리가 되었으면 나라의 입장과 규모에서 생각하고 일을 처리해야 된다는 충고였다.

《열녀전列女傳》
올바른 여인상이란?

B.C. 6년경에 성립된 책으로 고대 여러 종류의 여인상을 모아 놓았다. 정절을 지키는 여인, 현명한 여인, 요사스러운 여인, 악한 여인 등 100여 명에 이른다. 흔히 '열녀烈女'라고 하면 정절을 지킨 여인이나 시집에 희생한 '효부孝婦'를 두고 말하는 경우가 많지만, 여기서는 '여러 여인'이란 뜻이다. 편자인 유향劉向은 한나라 때 궁정의 문헌을 교정하는 일을 했으므로 중국 고대 문헌은 그의 손을 안 거친 것이 없을 정도였다. 그는 이 책 외에도 《설원說苑》, 《신서新序》, 《전국책戰國策》 등을 펴냈다.

현존하는 《열녀전》은 〈모의전母儀傳〉, 〈현명전賢明傳〉, 〈인지전仁智傳〉, 〈정순전貞順傳〉, 〈절의전節義傳〉, 〈변통전辨通傳〉, 〈얼폐전孼嬖傳〉 등으로 구성되어 있고, 뒤에 첨부된 〈속열녀전〉을 합하면 모두 8권이다. 차례대로 제목의 뜻을 새겨보면 훌륭한 어머니상, 현명한 부인상, 지혜로운 여인상, 예의 바른 여인상, 절개를 지킨 여인상, 사리분별에 뛰어난 여인상, 나라와 가정을 망친 여인상 등이다. 이러한 분류를 통해보면 결국 이 책을 세상에 내놓은 목적은 올바른 여인상을 본받으라는 도덕적 교훈임을 알 수 있다.

이야기의 분류기준은 유교도덕이지만, 〈현명전〉은 도가적인 색채를 띠고 있다. 이 책은 그 후에 나온 《여계女誡》, 《여논어女論語》,

《내훈內訓》 등 여성의 도덕을 강조하는 교과서의 롤모델이 되었다. 한두 가지 이야기를 소개한다. 우리에게 잘 알려진 맹자 어머니 이야기도 여기에서 나왔다.

맹자가 먼 곳으로 수학하러 갔다가 도중에 돌아온 적이 있었다. 맹모孟母는 그때 베를 짜고 있었는데, 맹자를 보자 짜던 베의 실을 잘라버리며 학문을 중도에 그만두는 것도 이와 같다고 맹자를 꾸짖었다. 맹자가 놀라 다시 학업에 열중하였다는 이야기이다.

또 한 번은 맹자가 결혼생활을 하던 어느 날 아내가 상반신을 드러내놓고 쉬고 있었는데, 맹자가 기척도 없이 아내 방에 들어갔다가 이 광경을 보고 화를 낸 일이 있었다. 아내는 시어머니에게 친정으로 보내달라고 하면서 자초지종을 이야기했다. 맹모는 맹자에게 말하기를 "네가 인기척도 없이 아내가 쉬고 있는 방에 들어간 것은 잘못이다."라고 하였다.(〈모의전母儀傳〉)

초나라의 현자 노래자老萊子는 세상을 피해 산속에 들어가 농사를 지으면 살고 있었다. 왕이 일부러 시골까지 찾아와 정치 자문역을 해달라고 부탁했다. 노래자는 왕의 간청에 못 이겨 승낙했다. 그 이야기를 들은 아내는 "술이나 고기를 주는 사람은 때에 따라 채찍도 주고, 관직이나 봉록을 주는 사람은 때에 따라 벌도 준다고 합니다. 저는 그런 재난을 당하고 싶지 않습니다."라고 하였다. 부부는 함께 그 땅을 떠났다.(〈현명전賢明傳〉)

《신감申鑒》

역사 이야기, 정책 결정의 거울이 되다

이 책은 동한東漢 말 순열荀悅(148~209)이 지은 정책론이며 사상서이다. 순열은 순자荀子의 13세손으로 명문 집안에서 태어났다. 그는 동한 마지막 황제인 헌제獻帝 때 당시 진동장군鎭東將軍 조조曹操의 막부幕府에 들어가 벼슬을 했는데, 그때 그는 헌제에게 왕권의 확립과 통치기반 확립에 대해 건의하였고, 그것을 책으로 펴낸 것이 바로 이 《신감》이다. 정책에 대해 '신술申述'하여 거울로 삼기 바란다는 뜻으로 책명을 지었다. 〈정체政體〉, 〈시사時事〉, 〈속혐俗嫌〉, 〈잡언雜言〉 상·하 등 모두 5편으로 구성되어 있다. 주로 유가사상의 덕치에 대한 내용을 다루고 있으며 당시 습속에 대한 자신의 견해, 그리고 자신의 철학사상을 가미하였다.

〈정체〉에서는 치국의 원리와 방침, 정치체제 등을 논하고, 〈시사〉에서는 고금의 도道와 21가지 현안懸案을 제시하고 해결할 방침을 열거하고 있다.

〈속혐〉에서는 당시 풍속의 폐단, 당시 백성들이 빠져 있던 각종 미신, 그리고 기도와 질병, 관상술과 신설술, 양생법과 참위설(미래 예언) 등에 대한 자신의 견해를 서술하고 있다.

〈잡언 상〉에서는 군신관계, 군민관계를 논하여 이상적 통치를 강조하고, 〈잡언 하〉에서는 주로 철학적인 내용을 다루고 있다.

낙천지명樂天知命, 성명론性命論, 성선설性善說, 성악설性惡說 등을 거론하고 있다. 그동안 역사서에 기재되어 왔으나 주목을 받지 못하다가 남송南宋 때 와서 비로소 세상에 알려지게 되었다.

〈정체〉에는 오늘날도 참고할 좋은 말들이 '사서四書' 못지않게 많다. 정치란 첫째 하늘의 뜻을 이어받는 것, 둘째 자신을 바르게 하는 것, 셋째 어진 이를 등용해 쓰는 것, 넷째 백성을 불쌍히 여기는 것, 다섯째 제도를 제대로 갖추는 것, 여섯째 산업을 일으키는 것 등으로 설명하고 있다. 또 군자에게는 예로써 다스려 영광과 치욕을 알게 하고, 소인에게는 형벌을 쓰고, 중간 정도 사람에게는 형벌과 예를 겸해야 한다. 상·벌은 정치의 중요한 수단이다. 십난十難에는 이런 조목이 있다. "작은 원망 때문에 큰 덕을 포기해서는 안 된다. 작은 허물 때문에 큰 공을 세운 자를 축출해서는 안 된다. 작은 과실을 이유로 큰 미덕을 덮어버려서는 안 된다."

〈시사〉에는 당시 논의해야 할 사안으로 다음과 같은 조목이 있다. "국가주관 제사를 줄이고 중요한 일을 먼저 해야 한다. 너무 잦은 사면령을 금지해야 한다. 궁중 내외의 기록제도를 보완해야 한다. 과거제도, 박사제도를 개혁해야 한다." 또 말하기를 "진秦나라 때는 전쟁이 많아 백성이 많이 죽었으나, 지금은 제후들이 전쟁을 잊고 산 지가 오래되어 난리가 나면 백성들이 멸절滅絶을 당한다. '백성들에게 전쟁의 위험을 가르치지 않는 것은 그들을 버리는 것이다.'라는 말이 진실로 맞다."라고 하고 있다.

《세설신어世說新語》
중국 소설문학 발전의 모태

중국의 위진남북조 시대(220~420)는 전국시대 이상으로 혼란한 시기였다. 내부적으로는 왕위찬탈이 일어나고 외부적으로는 북방 이민족이 침입하여 강남으로 민족이동이 일어나는 등 험난한 시기였다. 지배자는 권력을 유지하기 위해 반대파를 감시하는 등 온갖 수단과 방법을 다 동원하고, 일부 지식인은 여기에 저항하기도 하고 예법을 무시하기까지 하는 등 일탈행동을 하기도 했다. '죽림칠현竹林七賢'이 대표적이다.

이 시기에 살다간 많은 인간 군상들을 이 책은 서술하고 있다. 픽션이 아니지만 픽션 이상으로 문학적 서술이 뛰어나다. 4세기 중엽 남조 송나라의 유의경劉義慶이 지었다. 1,300여 개의 일화를 주제별로 36부분으로 나누어 다루었다. 그 대상은 후한 말기부터 동진東晉에 이르기까지 약 200년간 정치가, 문인, 명사, 예술가는 물론 특이한 인물과 여인까지 포함되어 있다.

인물들의 일화逸話, 즉 에피소드가 모두 사실은 아니지만 중국 소설문학 발전에 큰 영향을 주었고, 당시 도가와 불교사상 연구의 자료로서도 매우 중요하다. '난형난제難兄難弟'와 같은 우리 귀에 익은 고사도 있고, 인물 이야기 묘사 속에서의 인간 심리분석은 중국 사대부의 인격형성에도 영향을 미쳤다. 36부분 목차를 보면 내용을 대략 짐작할 수 있는데, 일부 소개하면 다음과 같다. 덕행德行, 방정方正, 품조品操, 용지容止, 교예巧藝, 임탄任誕, 검색儉嗇 등이다. 내용을 몇 개 들어본다.

이응李膺은 품격이 고상하고 훌륭한 교화를 펴고 있어서 후진들로서는 그 문하에서 배우는 것 자체를 용문龍門에 오를 수 있다 하여 그를 '등용문登龍門'이라 하였다.(덕행)

왕평자王平子와 호모언국胡母彦國의 무리들은 제멋대로 하는 짓 때문에 이름이 났는데, 더러는 나체로 돌아다니기까지 하였다. 이에 대해 당시 악광樂廣은 "옛 성현의 가르침 속에도 즐거움이 많은데 굳이 저렇게까지 하여 즐거움을 찾을까!"라고 하였다.(덕행)

왕융王戎의 아버지 왕혼王渾은 명성이 뛰어난 인물로 양주자사를 지냈다. 그가 죽자 그 지방 사람들이 덕과 은혜를 사모하여 수만 냥의 부의금을 보내왔지만, 왕융은 한 푼도 받지 않았다.(덕행)

완적阮籍은 모친상 중에 진晉나라 문왕文王(사마소司馬昭)의 연회에 참석해서 고기도 먹고 술도 마셨다. 옆의 신하가 문왕에게 간하기를 "공은 효도를 기본으로 천하를 다스려야 합니다. 그런데 완적이란 자가 상중에 공공연히 술을 마시고 고기를 먹고 있습니다. 마땅히 해외로 추방해야 합니다."라고 하니, 문왕은 "완적을 잘 보아라. 저렇게 여위었지 않느냐. 어찌하여 그대는 그를 불쌍히 여기지 못하느냐. 그리고 병중에는 고기와 술을 먹어도 되는 것이 예가 아니더냐."라고 하였다.(임탄)

《안씨가훈顔氏家訓》

난세를 사는 자녀에게 들려주는 아버지의 이야기

우리는 '가훈'이란 말을 많이 쓰고, 또 그 의미도 잘 알고 있다. 이 책도 '안씨' 집안의 가훈에 대한 내용이다. 다만 가훈이라 하여 짤막한 문구나 문장으로 나타낸 것으로 이루어진 것이 아니라 자손들이 난세에 살아가는 데 반드시 참고해야 할 경험과 교훈을 한 권의 책으로 엮은 것이다. 〈교자教子(자녀교육)〉, 〈치가治家(집안을 다스림)〉, 〈풍조風操(마음가짐)〉, 〈지족止足(분수를 지킴)〉, 〈계병誡兵(군사일에 관여하지 않음)〉, 〈양생養生(섭생)〉 등 모두 20편이다.

590년경 중국이 혼란混亂과 동란動亂을 겪은 위진남북조시대 한 지식인으로서 자손에게 남긴 인생의 교훈, 생활의 지침을 담은 책이다. 안지추顔之推가 지었다. 당시 중국은, 북쪽은 북방 이민족이 내려와 여러 왕조를 세웠고, 남쪽은 한족이 또 여러 왕조를 세웠는데, 짧은 기간 왕조의 명멸이 이어져 사회혼란이 계속되었다. 그 속에서 유교적 교양인으로 살다간 안지추는 삶을 성실히 살았다. 그 경험을 자손에게 전하고자 이 책을 지었다. 여기에는 오늘날에도 인생살이에 참고가 되는 내용이 많이 있다. 몇 가지 '교훈'을 들어본다.

〈교자教子〉 자식을 교육할 때 예절교육이 중요하다. 예절을 가르쳐야 해야 할 일과 해서는 안 되는 일을 구분할 줄 알게 된다. 2, 3세가 되면 매를 들 수도 있다. 요즘은 '식사예절'도 제대로 가르치지 않는다. 그리고 부자관계는 너무 친해도 안 되고, 예가 너무 엄격하여 사이가 소원해도 안 된다. 근래에는 아이들이 부모를 공경하지 않고 친압親狎(너무 친해 예의가 없음)하는 경우가 많다. 또 자녀를 사랑하는 데 공평하게 해야 한다. 어리석고 재능이 모자란다고 다른 자식과 차별해서는 안 된다.

〈치가治家〉 아버지가 자애로워야 자식이 효도한다. 형과 아우, 남편과 아내 관계도 마찬가지이다. 감화感化는 위에서 내려가므로 윗사람이 모범을 보여야 한다. 그리고 남에게 베풀 때는 오만하지 말고 검약하면서도 인색하지 않은 사람이 되어야 한다.

보통 여성은, 사위는 귀여워하고 며느리는 미워하는 경향이 있다. 어머니가 사위만 귀여워하면 아들의 마음이 불편해진다. 어머니가 며느리를 괴롭히면 그 집 딸들도 그렇게 한다. 이쯤 되면 여성은 죄인이 된다. 모두 어머니 탓이다. 결혼은 상거래가 아니다. 요즈음 부모의 지위나 재산을 가늠해보고 유리한 쪽을 택하려 하는 것은 상거래와 마찬가지이다. 버릇없는 며느리와 사위가 생기는 것은 여기에서 비롯된다.

〈풍조風操〉 이별은 쉬워도 다시 만나기는 어렵다. 그래서 옛사람들은 이별을 소중하게 여겼다. 강남 지방에는 이별할 때 눈물을 흘리며 인사하는 풍습이 있다고 한다.

《인물지人物志》

인재 선정과 활용에 대한 지침서

인간사회는 인간과 인간의 만남, 업무를 두고 일을 맡기고 나도 임무를 완수하고, 이런 숱한 인간관계의 연속이다. 그런데 남을 어떻게 알아볼 수 있을까 하는 문제는 누구나 부딪치는 문제이다. 믿었던 사람의 배신, 기대하지 않았던 신의와 충성을 보이는 부하, 어떤 능력은 우수하나 다른 능력이나 인간성을 잘 알 수 없는 경우, 시간이 감에 따라 인간의 속마음이 변하는 경우, 이루 말할 수 없이 인간으로 인한 희로애락에 우리는 휩싸인다.

어떻게 하면 인간을 좀 더 잘 알 수 있을까, 무슨 원칙이나 이론이 없을까 하는 의문을 누구나 한 번쯤 갖게 된다. 이런 문제를 다룬 것이 이 책이다. 삼국시대 위魏나라 유소劉邵의 저작이다. 생몰연대는 확실히 알 수 없다. 이 책이 나오고 얼마 뒤 오호십육국五胡十六國 시대 때 유병劉昞이 주를 달았다.

그는 인물 감식법, 유형별 표징表徵, 재능에 따른 장단점, 그에 따른 효용성 등을 정리하였다. 열 길 물속은 알아도 한 치 사람 속은 모른다는 말이 진실이듯 사람 알기는 정말 어렵다. 특히 우리는 자기의 호오好惡의 감정으로 남을 보기도 하고, 자기의 버릇을 가지고 남도 그러려니 하고 선입견을 가지고 재단을 하기도 한다. 남을 믿었다가 낭패 보기도 하고, 남을 터무니없이 미워하기도 한다.

이런 잘못을 어느 정도 없애고 객관적으로 사람을 평가하는 법을 이 책을 통하여 연습하는 일이 필요하다. 윗사람은 반드시 참고할 필요가 있다. 청나라 말기 학자요 정치가인 증국번曾國藩도 이 책을 항상 가까이 두고 참고했다고 한다. 자기 수양에도 물론 도움이 됨은 말할 필요가 없다.

과거 어느 대통령은 '인사가 만사다.'라고 한 분도 있고, 요즈음 상식 밖의 인사를 하여 곤경에 처한 대통령도 우리는 본다. 남을 잘 본다는 것은 나의 감식안이라는 능력뿐만 아니라 나의 인격과도 통하기 때문에 이 책이 주는 시사점은 적지 않다. 물론 이대로 한다고 해서 완벽하지는 않다. 1937년 미국에도 이 책이 알려져 심리학자 슈라이크에 의해 번역된 바도 있다.

전체는 상·중·하 3권, 12편으로 구성되어 있다. 분류 목록을 보면 대략 다룬 내용을 알 수 있다.

상 구징九徵(아홉 가지 징표), 체별體別(여러 가지 유형), 유업類業(전업專業), 재리才理(재능의 분류)

중 재능才能(타고난 역량과 업무), 이해利害(재능과 임무에 따른 이해득실), 접식接識(=면접), 영웅英雄, 팔관八觀(품평의 8가지 척도)

하 칠무七繆(저지르기 쉬운 일곱 가지 오류), 효난效難(노력해도 결과가 좋지 않은 경우), 석쟁釋爭(경쟁을 풀어 없앰. 양보와 겸손의 덕이 필요)

사람은 원래 천성을 못 고치므로 그 장단점을 보고 그에 맞는 일을 시키는 방법이 무난하다. 결국 '체질론體質論'이 되는데, 우리나라 동무東武 이제마李濟馬 선생도 '사상四象 체질론'을 말했고, 서양에서도 4가지 체질분류법이 있다.

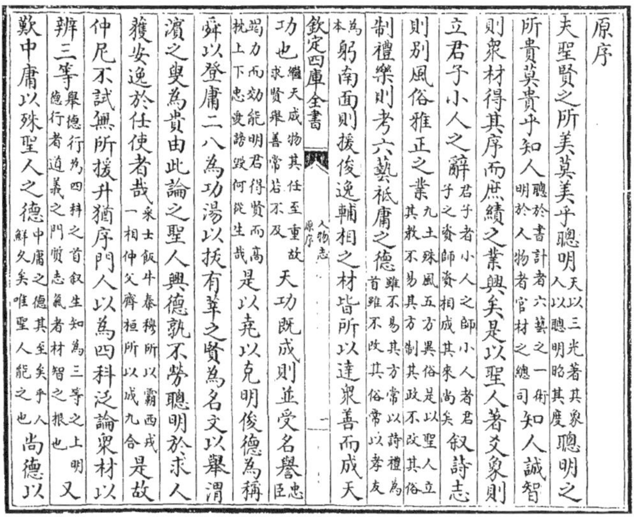

原序
夫聖賢之所美莫美乎聰明天以三光著其象人以聰明昭其度聰明之
所貴莫貴乎知人聰於書計者六藝之一術明於人物者官材之總司知人誠智
則衆材得其序而庶績之業興矣是以聖人著爻象則
立君子小人之辭君子者小人之師小人者君子之資師資相成其來尚矣叙詩志
則別風俗雅正之業九土殊風五方異俗是以聖人立其教不易其方制其政不改其俗
制禮樂則考六藝祗庸之德雖不易其方常以詩禮為首雖不改其俗常以孝友為
本躬南面則援俊逸輔相之材皆所以達衆善而成天
欽定四庫全書 人物志 原序 一
功也繼天成物其任至重故求賢舉善常若不及天功既成則並受名譽忠臣
竭力而効能明君得賢而高枕上下忠愛謗毁何從生哉是以堯以克明俊德為稱
舜以登庸二八為功湯以拔有莘之賢為名文以舉渭
濵之叟為貴由此論之聖人興德孰不勞聰明於求人
獲安逸於任使者哉采士飯牛秦穆所以霸西戎一相仲父齊桓所以成九合是故
仲尼不試無所援升猶序門人以為四科泛論衆材以
辨三等舉德行為四科之首叙生知為三等之上明德行者道義之門質志氣者材智之根也又
歎中庸以殊聖人之德中庸之德其至矣乎人鮮久矣唯聖人能之也尚德以

《인물지人物志》

《몽구蒙求》

아동·청소년 교육을 위한 교재

이 책은 어린이 교육용 책인데, 짧은 구절이 문장으로 이루어진 다른 아동용 책과는 달리 여러 고전에서 온갖 종류의 인물들을 뽑아 이야기책처럼 만들었다. 이 인물들이 모두 선한 위인들만이 아니어서 어린아이들 관점에서 과연 선악善惡을 잘 판단할지 의심이 든다. 아동용으로 적당한 교재라기보다 오히려 청소년용이라 해야 적당할 것이다.

'몽蒙'은 《주역》의 '몽괘蒙卦'에서 의미를 가져왔는데, '어리석다'는 뜻이고, '구求'는 구한다는 뜻이니, 스승에게 가르침을 구한다는 의미이다. 표제標題(제목)도 넉자 1구절씩 하고, 4개 구절을 같은 운자韻字로 하여 외우기 쉽도록 하였다.

송나라 때 서자광徐子光이 주석을 보충한 것이 《보주몽구補注蒙求》인데, 지금 우리가 보고 있는 것이 이 책이다. 지은이 이한李瀚은 당나라 현종 때 사람으로 높은 벼슬을 하지 않아 행적에 대해 별로 알려진 게 없다. 노년에 아동교육을 하면서 이 책을 지은 것으로 추정된다.

내용을 보면 나라를 잘 다스린 성군聖君, 나라를 망친 어리석은 임금, 명재상, 사악한 신하, 나라를 구한 용맹한 전사戰士, 영웅호걸, 백성을 사랑한 어진 아전衙前(말단 공무원), 백성을 등쳐먹은 사악한 아전, 충신과 효자, 악인과 무뢰배, 시인, 뛰어난 학자, 예술가, 명의名醫와 장인匠人, 절개를 지킨 은둔자, 신선神仙과 요괴妖怪, 열부烈婦, 재주 있는 여인, 집안과 나라를 망친 악처惡妻, 음녀淫女, 그밖에 모험가, 기인奇人, 절세미인, 추남醜男 등 인간 박물관을 연상시킬 정도로 다양한 인간군상을 그리고 있다. 모두 596구절이다.

네 글자가 하나의 문장이 되어 하나의 표제가 되는데, 앞의 두 글자는 주인공 이름을, 뒤의 두 글자는 그 사람의 행적이나 사건을 말한다. 그 다음 구절(네 자)과는 쌍을 이루고, 이 네 개의 구절은 그 다음 네 개의 구절과 또 쌍을 이룬다. 그리고 여덟 개 구절의 끝 글자는 운자이어서 읽으면 운율이 생겨나 외우기 쉽게 되어 있다. 예를 들면, 다음과 같다.

왕융간요王戎簡要, 배해청통裵楷清通
공명와룡孔明臥龍, 여망비웅呂望非熊
양진관서楊震關西, 정관역동丁寬易東
사안고결謝安高潔, 왕도공충王導公忠
(이 구절의 운자韻字는 '동東'이다.)

글의 형식은 먼저 출전을 밝히고, 인물의 성명, 자字, 호號 등을 적었다. 역사서를 비롯 여러 책에서 인물을 추려내었는데, 600여 구절이니 600여 명의 인물이 등장하는 셈이다. 옛이야기를 4자의 시어詩語로 축약해 외우기 쉽게 한 것이 이 책의 매력인 만큼 그 이후 모방한 책들이 많이 나왔다.

성리학을 숭상한 조선조에서는 파격적인 인물을 많이 실은 이 책을 도외시하고 《동몽선습童蒙先習》이나 《격몽요결擊蒙要訣》, 《소학小學》을 주로 가르쳤으나, 대조적으로 일본은 교육용으로 애용했고, 명치유신明治維新 이후로도 이 책을 중시하여 많은 번역본이 나왔다.

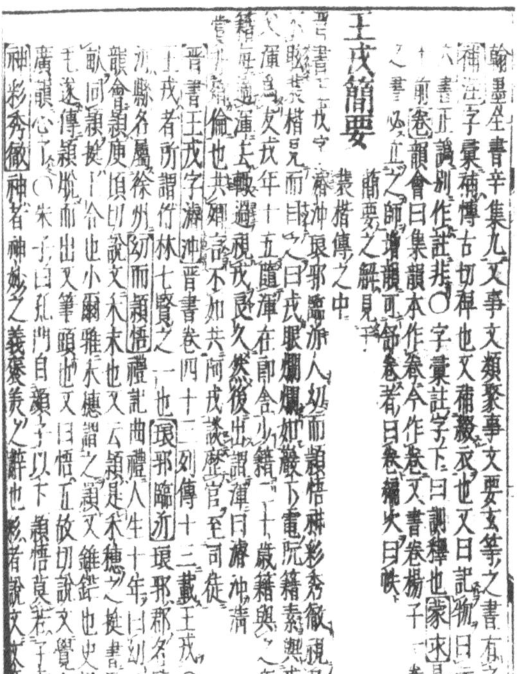

《몽구상설蒙求詳說》

《삼사충고三事忠告》

지도자의 마음가짐을 설명한 정치 참고서

이 책은 원元나라의 장양호張養浩(1269~1329)가 동료와 후배들을 위해 지도자의 마음가짐을 설명한 책이다. 《위정삼부서爲政三部書》라고도 하는데, 정치의 참고서〔忠告〕라는 뜻이다. 재상과 대신의 마음가짐을 설명한 〈묘당충고廟堂忠告〉, 감찰관과 검찰관의 마음가짐을 설명한 〈풍헌충고風憲忠告〉, 지방장관의 마음가짐을 설명한 〈목민충고牧民忠告〉 등 3부로 이루어져 있다. 당시 몽고족이 세운 원나라 치하治下에서 힘겹게 산 장양호는 시종일관 청렴한 자세를 잃지 않았다. 그리하여 윗사람의 도리를 빠짐없이, 또 쉽게 이 책에 설명해놓았다.

그는 산동성 제남에서 태어나 어릴 때부터 책 읽기를 좋아했다. 그러나 10세 때 송나라가 망하고 원의 지배하에 놓이게 되자 그의 인생행로도 순조로울 수 없었다. 그는 다행히 몽골 고관高官에게 학식과 인격을 인정받아 비교적 높은 지위에 올랐다. 그러나 그는 절조節操를 지켰다. 그는 말하기를 "인간은 체구가 작고 수명도 짧다. 그러나 절의를 지키기 때문에 값진 인생을 살 수 있다."라고 하며 평생 절의를 지켜나갔다.

그는 청렴결백했을 뿐만 아니라 개인 재산을 털어 가난한 백성을 돕고, 범죄자를 올바른 길로 인도하는 일에도 힘썼다. 생을 마감한 것도 나이 60에 가뭄으로 고생하는 백성들을 구제하다 피로에 지친 결과였다.

그는 지도자는 자기 자신에게 엄격해야 된다고 하며 말하기를 "선비는 자신에게 엄격해야 한다. 책임을 져야 할 위치에 있는 사람은 보통 선비보다 더 엄격하게 자신을 대해야 한다."고 하였다. 특히 사리사욕을 좇아 재산을 늘리려 해서는 안 된다고 강조하였는데, 이렇게 말하였다. "예로부터 재상宰相 중에 의식주가 부족하여 죽은 사람은 없었다. 그러나 어느 시대든 재물을 탐하고 쾌락을 좇아 자멸한 자는 많다."

그는 위기관리에 대해 조언하기를 "비정상적인 상태일 때 먼저 사실 여부를 확인하는 것이 중요하다. 감정을 드러내지 말고 태연하게 행동해야 한다."라고 지도자의 자세를 말하였다.

재상의 자세에 대해서 그는 "재상이라고 모든 것을 다 알아야 하는 것은 아니다. 남의 재능을 시기하지 말고 공평한 태도로 대하면 지혜와 용기를 빌릴 수 있다. 자신의 재능과 말솜씨를 과시하면 도움을 받기 어렵다. 비난과 질책을 자기 자신에게로 돌리고, 칭찬은 다른 사람에게 돌려야 한다. 동료가 실수했더라도 정치에 악영향을 끼치지 않는 한 질책해서는 안 된다. 남이 자기와 같기를 기대해서는 안 된다."라고 하여 남에게는 너그러워야 한다고 말하였다.

그는 마지막으로 지도자는 물러날 때를 잘 알아야 하고, 그때 공덕비를 세우거나 송별금을 받아서는 안 된다고 강조했다.

《명심보감明心寶鑑》

예절과 도덕을 강조한 아동 인성교육용 교재

이 책은 아동교육서로 널리 읽혀왔고, 지금도 그렇게 활용하고 있다. 그러나 오늘날 어른이라도 이 정도의 기본예절을 지키고, 심성 수양을 하는 사람이 매우 적다고 한다면 어른을 위한 고전으로 안내를 해도 무방하리라 본다.

옛날에는 《천자문千字文》을 익힌 아동(오늘날 초등학교 과정)이 《동몽선습童蒙先習》과 이 책을 교재로 하여 예절을 배우고 도덕을 익혔다. 예절에 관한 것은 《소학小學》이라는 책이 있지만, 그보다 이 책이 쉽게 쓰여 있고, 또 문장이 짧아 아동이 외우기 쉽고 익히기가 쉽게 되어 있다. 전체 분량도 적은 편으로 2권 1책이다. 요즘도 초등학교 아이들 인성교육에 널리 활용되고 있다.

여러 판본이 전하는데, 원본은 1393년 명明나라의 범립본范立本이 편찬한 것으로 우리나라에서는 1454년(단종 2) 청주에서 처음 간행되었다. 그러나 원본보다는 이를 초록한 초략본抄略本이 널리 유포되었고, 이것이 원본으로 간주되어 고려 충렬왕 때 예문관제학藝文館提學을 지낸 추적秋適이 편찬한 것이라고 와전되었다. 지금 남아 있는 가장 오래된 초략본은 1637년(인조 15)의 것이다.

원본은 상·하권 20편 798조인데, 초략본은 19편 247조로 구성되었다. 제1편 〈계선繼善〉에서 제20편 〈부행婦行〉까지가 기본 내용이고, 판본에 따라 〈증보增補〉, 〈팔반가八反歌〉, 〈효행속孝行續〉, 〈염의廉義〉, 〈근학속勤學續〉까지 첨부하여 총 25편으로 된 것도 있는데, 이 판본이 우리나라에서 지금까지 널리 보급되었다. 〈증보〉편은 인과응보에 대한 가르침, 〈팔반가〉는 효도에 대한 내용을 노래로 지은 것이다.

이 책의 특징은 물론 여느 수양서와 마찬가지로 여러 유학자의 글에서 뽑아 인용했지만 특히 성리학자性理學者들의 말을 많이 인용하였고, 한편으로 유학과 반대되는 사상인 도가道家 사상도 많이 인용한 점이다. 또한 자주 언급하는 속담도 여기 많이 있다. 어른들도 음미할 만한 도덕교훈을 들어본다.

사마온공司馬溫公이 말하기를 "돈을 모아 자손에게 준다 해도 자손이 반드시 다 지키지 못할 것이며, 책을 모아 자손에게 남겨 준다 해도 다 읽지는 못할 것이다. 그러므로 생전에 착한 일을 하여 음덕陰德을 쌓는 것만 못하다."라고 하였다.

소강절邵康節 선생이 말하기를 "하늘이 고요하고 푸르기만 하여 인간사를 아실까 하여 찾아보았는데, 멀지 않은 곳, 사람의 마음속에 있었네."라고 하였다.

장자莊子가 말하기를 "만약 사람이 착하지 못한 일을 하고 세상에 이름을 낸 자는 다른 사람이 비록 해치지는 않지만 하늘이 반드시 그를 벌할 것이다."라고 하였다.

오이를 심으면 오이를 얻고, 콩을 심으면 콩을 얻으니, 하늘의 그물은 성글 것 같지만 새지는 않는다.

《채근담菜根談》

채식菜食을 하듯 깊고 담박한 인생 이야기

중국 명나라 말기 홍자성洪自誠(자세한 기록이 없음)이 1644년에 지은 잠언집箴言集으로 전 2권이다. 인생의 경험에서 우러나온 자신의 생각을 간결하면서도 아름다운 문장으로 펴낸 책으로 처세에 도움이 된다. '채근'이란 무와 같은 뿌리식물을 말하는데, '채식'을 상징한다. 《소학》에 "사람이 채식을 할 수 있으면 모든 일을 성취시킬 수 있다."는 데서 따왔다.

전집은 벼슬하여 사람들과 교제하면서 직무를 잘 처리하며 임기응변하는 사관보신仕官保身의 일을 말하였고, 후집은 은퇴 후 한거閑居의 즐거움을 말하고 있다.

청나라 때 《속채근담續菜根譚》, 《오가채근담吾家菜根談》 등에 영향을 끼쳤지만, 중국에서는 그다지 주목받지 못했다. 즉 학자나 사상가들에게는 거의 평가받지 못했고, 상인이나 정치가들이 주로 읽었던 것으로 보인다. 이 책은 어떤 깊은 사상을 논하기보다 생활인으로서 처세하는 데 도움이 되는 내용이 많기 때문이다. 유교뿐만 아니라 노장사상이나 불교까지 종합하여 처세의 지혜를 논하고 있는 것도 생활인이 좋아하는 이유이기도 하다. 잠언 몇 조목을 들어본다.

권세나 명예, 이익을 가까이하지 않으려는 사람은 훌륭하다. 그러나 그것을 가까이하면서도 물들지 않는 사람은 더 훌륭하다. 권모술수를 모르는 사람은 인격자이다. 그러나 그것을 알면서도 악용하지 않는 사람은 더 훌륭한 인격자이다.

양념을 많이 한 요리에는 진정한 맛이 없다. 진짜 맛은 담백한 것이다. 두드러져 보이는 사람은 인격자라고 할 수 없다. 인격자는 결코 두드러져 보이지 않는다.

남에게 도움을 준 일은 빨리 잊어라. 그러나 남에게 피해를 준 일은 절대로 잊어서는 안 된다. 남에게 은혜를 입은 일은 결코 잊지 말라. 남에게 피해를 입은 일은 빨리 잊어라.

고생 속에서 즐거움을 얻을 수 있다. 성취감을 누리는 순간 슬픔과 고뇌의 싹이 돋는다.

나쁜 일을 하고 다른 사람이 모르기를 바라는 것은 그 마음속에 양심이 있기 때문이다. 좋은 일을 하고 남이 알아주기를 바라는 것은 그 마음속에 욕심이 있기 때문이다.

모르는 남들끼리보다는 가까운 사람끼리 더욱 서로를 미워한다. 인간의 마음이란 이렇게 미묘해서 무슨 일을 하든 냉정함을 잃어서는 안 된다.

깨달음이란 욕망과 인연을 모두 끊고 마음을 재로 만들어버리는 것이 아니다. 그것은 고뇌의 끝에서 얻게 되는 것이다.

진정으로 조용한 평정은 격렬한 움직임 속에서 조용한 마음을 얻는 것이고, 진정한 즐거움은 괴로움 속에 있으면서도 즐거움을 느낄 수 있는 것이다.

《신음어呻吟語》

지식인, 삶의 고뇌를 신음하다

동양고전을 소개하면서 마음 수양과 도덕, 인격 함양에 도움이 되는 책을 우선하고 있는데, 그런 책 중에서도 지식인의 삶의 고뇌가 묻어나는 소회所懷, 곧 마음속에서부터 이 세상을 향해 꼭 말하고 싶은 것을 적은 칼럼이 큰 감동을 자아낸다. 여기 소개하고자 하는 고전이 그런 것에 속하는 재미있는 읽을거리이다. '신음呻吟'은 글자 그대로 괴로워서 내는 신음소리이다. '신음어'는 그런 신음과 같이 꼭 말하고 싶은 '나의 소리(말)'란 뜻이다.

저자 여곤呂坤(1536~1618)은 명나라 때 학자로 과거를 보아 늦게(36세) 관리가 되었다. 관료생활을 하면서 민생의 어려움을 목도하고, 관리들의 부패를 바로 잡아야겠다고 다짐했다. 그러기 위해서는 자신부터 품성을 연마해야 함을 느끼고 《성심기省心紀》를 지었다. 그의 나이 44세 때였다.

그 후 관리생활을 하면서 관리의 마음가짐에 대해 올바른 길을 제시한 저술을 펴냈다. 그것이 《여공실정록呂公實政錄》이다.(57세 때) 이 책은 명나라 때 관리를 경계하는 대표적 저서로 후세에 큰 영향을 미쳤다. 그는 말하기를 "사람의 도리는 끊어져 출세하는 풍습이 유행하고 남의 괴로움을 동정하는 마음은 실추되었다. 백성은 누구를 믿고 의지해야 할 것인가. 생각할수록 통곡하지 않을 수 없다."라고 하였다.

그는 일반 백성의 삐뚤어진 마음을 바로잡아주는 방법으로 각 향촌에 '기선부紀善簿'와 '기악부紀惡簿'를 비치하자고 제안하였다. 그가 62세 때 올린 우위소憂危疏에는 이런 말이 있다. "흉년이 계속되지만 조세를 거두는 것은 더욱 가혹해지고 있다. 백성은 먹을 것이 없어 도망치는 자가 많고, 묵히는 땅은 늘어만 간다. 남아 있는 자는 도망간 자의 몫까지 조세를 바쳐야 하고 살아 있는 사람은 죽은 사람의 부역에 대신 나가지 않으면 안 되는 딱한 처지에 있다."

이 책 어디를 펴 보아도 감동을 느낄 말들로 가득 차 있다. '방심放心'에 대해 그는 "도덕심이 욕망에 가려지는 것"이라고 했고, "양심대로 하면 자연스럽고, 이것이 삶의 기본이 되어야 한다."고 말한다. 한편 그는 고요한 것, 즉 '정靜'을 강조한다. 오늘날로 말하면 '마음을 가라앉히고 생각을 가다듬는 것'에 해당한다. 그래서 그는 "아무 소리도 들리지 않는 조용한 방 안의 정취를 나는 퍽 좋아한다."라고 한다.

- 남을 지나치게 꾸짖어서는 안 된다.
- 재능은 성실에서 나온다.
- 덕이 극치에 이르면 담백하다.
- 예절교육의 힘은 크다.
- 선한 일은 화복과 상관이 없다.
- 사람에게는 할 수 있는 것과 할 수 없는 것이 있다.
- 편견 없는 자가 나랏일을 담당하라.

- 편협한 견문에 사로잡히지 마라.
- 체면에 구애되면 법노를 손상시킨다.
- 한 번 실패하면 두 번 실패한다.

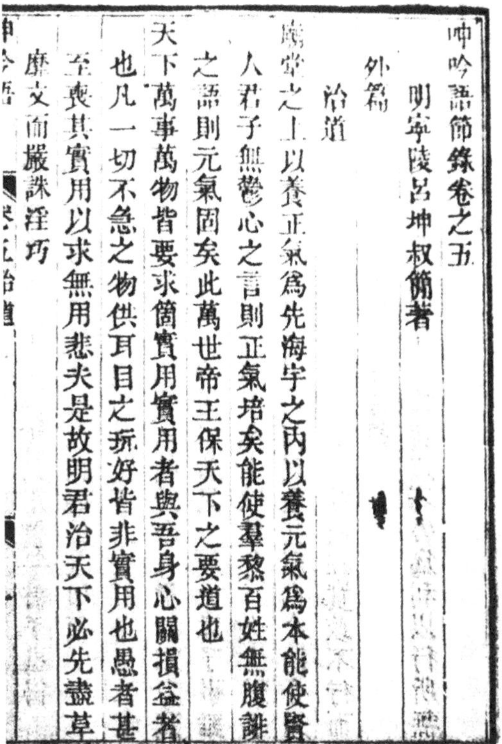
呻吟語節錄卷之五

明寧陵呂坤叔簡著

外篇

治道

廟堂之上以養正氣爲先海宇之內以養元氣爲本能使賢人君子無鬱心之言則正氣培矣能使群黎百姓無腹誹之語則元氣固矣此萬世帝王保天下之要道也

天下萬事萬物皆要求箇實用實用者與吾身心關損益者也凡一切不急之物供耳目之玩好皆非實用也愚者甚至喪其實用以求無用悲夫是故明君治天下必先盡革靡文而嚴誅淫巧

呻吟語 卷五 治道

《신음어呻吟語》

《증국번가서曾國藩家書》
증국번이 아들에게 보낸 사랑의 편지

인생의 교훈을 말해주는 책이 중국에는 여러 권 있는데, 이 책 역시 그런 종류에 속하는 책으로 청나라 말기 학자 증국번曾國藩(1811~1872)의 가서家書, 즉 집안 부모와 아들한테 보낸 편지이다.(아들에게 준 편지만 모아 별책으로 만든 경우가 많다.) 그가 보낸 편지가 5천여 통 가량 되는데(《증국번전집》 수록), 집에 보낸 편지가 1500여 통 정도 된다. 그중에서 삶의 교훈을 줄 만한 것을 가려 뽑으면 여느 수양서와 다름없다.

그가 '태평천국의 난'을 진압하는 순무巡撫와 총독總督으로서 군사 일을 15년간 맡았지만, 여느 사대부처럼 학자의 길을 벗어난 것은 아니었다. 그의 편지 중에는 물론 군사에 관한 일도 많이 기록되어 있다. 그러므로 모택동이나 장개석도 항상 이 책을 옆에 두고 읽었다. 그는 난을 진압한 공로로 후작侯爵 작위를 받았는데, 중국에서는 유일하다.

그의 두 아들에 대한 가정교육이 훌륭하여 큰 아들은 외교관으로, 작은 아들은 수학자로 이름이 났고, 가문은 계속 번성하였다. 그의 제자 중 유명한 인물로 이홍장李鴻章과 오여륜吳汝綸이 있는데, 이홍장은 다 알다시피 청나라 말기 북양대신北洋大臣으로 활약했고, 오여륜은 초창기 북경대학北京大學 총장을 지냄으로써 학계에 영향을 크게 끼쳤다.

증국번은 정주程朱성리학을 숭상하였는데, 그가 펴낸 《경사백가잡초經史百家雜抄》는 고문古文을 짓는 전범을 이루었다. 그는 군무軍務를 보면서도 400여 권의 저서를 남기고, 책을 손에서 놓지 않고, 매일 일기를 쓰고, 거의 매일 가족이나 친지들에게 편지를 썼을 정도로 부지런하였다. 그가 남긴 마지막 말도 "수고로운 일에 습관이 되면 귀신도 존경한다.〔習勞則神欽〕"였다. 그의 교훈을 들어보자.

- 검소에서 사치로 가기는 쉬워도 그 반대는 어렵다.
- 사치와 오만 두 가지를 철저히 경계하여라.
- 성현의 말은 '경敬'과 '서恕'에서 벗어나지 않는다.
- 일찍 일어나고 무슨 일이든지 꾸준히 하고 행동은 중후하게 해야 한다.
- 밥 먹은 뒤에는 수천 걸음을 걷는 것이 좋은 양생법이다.
- 독서는 사람의 기질을 변화시킨다.
- 벼슬하는 집안의 자제들은 돈과 옷이 많아서는 안 된다.
- 집안을 유지하는 근본은 '부지런함'과 '검소함'이다.
- 일이 아주 곤란할 때 해결해내는 사람이 대장부이다.
- 남을 해치지 말고 욕심을 내지 마라.
- 《안씨가훈顔氏家訓》, 《총훈재어聰訓齋語》 등 가훈서를 계속 읽어라.
- 도연명陶淵明, 두보杜甫, 육유陸游 시의 고상하고 담백한 맛을 살펴보아라.

《격언련벽格言聯壁》
벽에 붙여 마음을 다잡는 글귀

우리나라에도 '속담'이나 전해오는 이야기 속의 짧은 '격언'이나 '잠언'이 있듯이, 이 책은 중국인이 즐겨 읽던 짧은 격언집이다. 생활체험에서 우러나오는 것이라 간단하고 짧지만 음미할 만한 충고가 들어 있다. 벽에 쌍으로 대구對句를 맞추어 붙여놓고 항상 보면서 감계鑑戒를 삼는다는 뜻에서 '연벽'이라고 이름하였다. 그래서 짤막한 문장을 대구로 맞추어놓았다. 한자는 상형문자이므로 이런 식의 압축된 문장으로 풍부한 뜻을 말할 수 있고 외우기 쉽게 만들 수 있다. 청나라 때 금영金纓(금란선생金蘭先生)이 편찬한 격언집인데, 약 600여 종의 격언이 실려 있다.

금영은 전해오는 속담이나 선현들이 독서하다 기록해둔 경세명언警世名言을 《각각록覺覺錄》으로 편집하였는데 분량이 너무 많아 다시 발췌하여 이 책을 펴냈다고 한다. 저자 금영에 대한 사적은 분명하지 않다. 그가 살았던 시기는 청 초기 황금기인 강희康熙, 옹정雍正 시대를 지나 가경嘉慶, 도광道光 시대인 19세기 중반 이후 청나라가 쇠퇴기로 접어들었을 때까지이다.

아편전쟁 패배로 청나라가 몰락의 나락으로 접어들 때, 금영은 중국 고유의 지혜를 모아 풍속을 바로잡고 정치와 위정자를 훈계하고 경고하려는 생각에서 이 책을 지었다. 목록을 보면 〈학문〉,

〈존양存養〉, 〈지궁持躬〉, 〈돈품敦品〉, 〈처사處事〉, 〈접물接物〉, 〈제가齊家〉, 〈종정從政〉, 〈혜길惠吉〉, 〈패흉悖凶〉 등 10가지이다.

이 책은 명·청대에 나온 격언서, 예를 들면 《명심보감》, 《채근담》, 《석시현문昔時賢文》 등과 궤를 같이한다. 몇 조목 들어본다.

사람의 마음은 곡식 씨앗과 같아서 그 속에 모든 생명력이 가득 차 있다. 그런데 물욕이 생겨 가두어버리면 정체되고 만다.(〈존양〉)

겸양은 몸 지키는 좋은 방법이요, 자상함은 일처리의 좋은 방법이요, 포용은 남을 대하는 좋은 방법이요, 소탈함은 마음 닦는 좋은 방법이다.(〈존양〉)

지금 이 한 몸 가벼이 보지 마라, 삼재三才(천지인天地人)가 다 들어 있다. 지금 이 삶을 가벼이 보지 마라, 천고千古(오랜 세월)가 이 하루에 있다.(〈지궁〉)

도는 편안하고 고요한 데서 생겨나고, 덕은 몸을 낮추고 겸양하는 데서 생기고, 복은 검소함에서 생기고, 생명은 밝고 온화한 데서 생긴다.(〈지궁〉-〈섭생攝生〉)

사람들은 말이 족히 내 덕을 밝게 드러내는 것만 알았지 말을 조심하는 것이 내 덕을 기른다는 것은 모른다. 사람들은 음식이 족히 내 몸을 보양한다는 것만 알았지 음식을 조절하는 것이 내 몸을 길러준다는 것은 모르고 있다.(〈지궁〉-〈섭생〉)

아첨으로 남에게 사랑 받고자하는 행동은 남자라면 아녀자의 도라 여겨 부끄럽게 생각한다. 본래 가진 모습을 꾸미지 않은 채 대인은 어린아이의 순진한 마음을 잃지 않는다.(〈돈품〉)

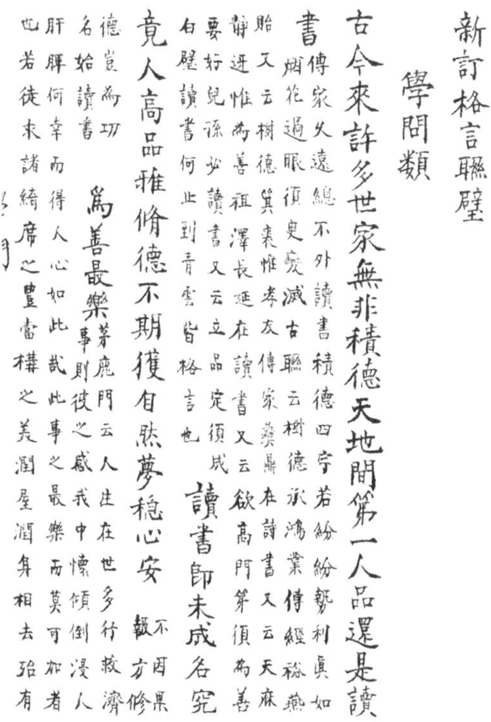
新訂格言聯璧
學問類
古今來許多世家無非積德天地間第一人品還是讀
書
傳家久遠總不外讀書積德四字若紛紛勢利眞如
烟花過眼須臾變滅古聯云樹德承鴻業傳經裕燕
貽又云樹德箕裘惟孝友傳家彝鼎本詩書又云天麻
靜逕惟為善祖澤長延在讀書又云欲高門第須為善
要好兒孫必讀書又云立品定須成
白壁讀書何止到青雲皆格言也
讀書即未成名究竟人高品雅脩德不期獲自然夢穩心安
不因果報方修
德豈為切名始讀書
為善最樂
茅鹿門云人生在世多行救濟
事則彼之感我中懷傾倒浸人
肝脾何幸而得人心如此哉此事之最樂而莫可加者
也若徒求諸綺席之豊當構之美潤屋潤身相去殆有

《신정격언련벽新訂格言聯璧》

《석시현문昔時賢文》

삶의 지혜를 이야기한 옛 현인들의 문장

'석시昔時'라는 말은 '옛날'이란 뜻이고, '현문賢文'은 '어진이의 글'이란 뜻이니, 곧 옛날부터 내려오는 삶의 지혜를 담은 좋은 글귀라는 뜻이다. 누가 언제 만들었는지 분명하지 않으나 명대明代 후기로 추정하고 있다.

어떤 유생儒生이 처음에 자기가 평소 좋아하던 글귀를 모아 몽학蒙學(어린이 교육)용으로 만들었는데, 내용이 정리가 덜 되어 있었다. 그 후 청나라에 들어와서 서당 선생이었던 주희도周希陶라는 사람이 이 중에서 아동에게 적당하지 않은 글귀는 빼는 등 재정리하여 《중정증광현문重訂增廣賢文》이라 이름 붙였다.

여기에 누락분 114장(조목)을 합하여 《중정증광석시현문》을 완성하였다. 분류는 내용에 따른 분류가 아니고 중국어의 4성에 따라 4가지(4장)로 분류하고 끝에 '누락분'을 붙였다. 지금 우리가 보는 것이 이것인데, 줄여서 《석시현문》, 또는 《증광현문》이나 《현문》이라 하기도 한다.

내용은 통속적이며 경서經書와 제자백가의 글, 또는 시인의 시구詩句에서 대구가 되는 문장을 골라 싣고, 혹은 민간의 속언, 속담, 격언을 함께 싣고 있다. 명대 간행된 《명심보감》, 《채근담》의 구절과 같거나 유사한 것도 많다.

책 내용에는 노장사상, 불교사상(선禪불교, 즉 선종禪宗)의 영향이 커서 《노자》, 《장자》 및 선종 불서佛書인 《경덕전등록景德傳燈錄》 등에서도 인용했으며, 나아가 송대 성리학자들의 어록語錄까지 폭넓게 인용하고 있다. 또한 원·명대의 희곡과 소설류에서도 취록取錄하고 있다. 중국 명대에는 처세 격언집이 성행한 때여서 이 책과 《명심보감》, 《채근담》 3종을 격언집의 대표로 꼽고 있다. 다만, 《채근담》은 비교적 수준이 높은 격언집으로 보고 있다.

《명심보감》은 중국에 남아 있지 않아 중국인도 잘 모르는 반면에 이 책은 조선조에 우리나라에 수입되지 않아 우리가 잘 모르는 형편이다. 최근 중국에서는 대륙이고 대만이고 명·청대 못지않게 이 책이 널리 보급되어 몽학교재로서 활용되고 있다. 앞으로 중국인을 이해하기 위해서도 중국인이 많이 인용하는 이런 종류의 책을 알고 있어야 한다. 몇 구절 들어본다.

- 일을 함에는 하늘의 이치를 따르고, 말을 할 때는 사람 마음을 따르라.
- 때를 따르면 그뿐, 쫓아가려고 하지 마라. 세속을 벗어나면 그뿐, 세속인심 고치려 마라.
- 서로 만남에 처음 만난 사람처럼 여기면 늙도록 원한이 없으리라.
- 반딧불은 자신만 비추지만, 기러기는 홀로 나는 법이 없다.
- 우연히 만난 사람이라도 쉽게 친해질 수 있지만 오래 곁에 살다보면 불편함이 생기기 마련이다.

|| 근대명저近代名著

《해국도지海國圖志》

서양을 알아야 서양을 물리친다

청나라는 강희康熙 · 옹정雍正 · 건륭乾隆 130여 년간 전성기를 누렸으나, 건륭 말기부터 귀족들의 안일과 사치가 나라를 기울게 하고 빈부격차를 심화시켰고, 그 다음 가경嘉慶제 때에는 백련교도白蓮教徒의 난이 일어나 9년 동안 지속됨으로써 왕조의 쇠운衰運이 나타나기 시작하였다. 이때 태어난 위원魏源(1794~1856)은 당시 사회 현실을 직시하고 경세에 뜻을 가졌다. 그런데 그가 생각하기로 중화문명이 부흥하기 위해서는 지도자는 물론 백성들이 세계 정세를 아는 것이 먼저 필요하다고 생각했다. 그런 시대적 요청에서 아편전쟁 후 그는 이 책을 저술하였다.

그는 19세 때 공양학公羊學의 대가들을 만나 큰 영향을 받고 당시 학풍인 고증학풍이 나라를 구하는 데 별 도움이 안 된다고 판단하여 경세학에 전념, 공양학의 전위前衛 역할을 자부하였다. 아편전쟁 동안 위원은 양강총독대리兩江總督代理 유겸裕謙의 막부에서 일하면서 청나라가 패한 것은 영국 무기의 우수함 때문만이 아니라 당시 지도자의 무능과 대외 사정에 대한 무지가 큰 원인임을 알았다. 그때 경험을 토대로 《해국도지》를 편집하게 되었다.

이 책은 임칙서林則徐의 《사주지四洲志》에 기본하여 역대의 역사지리, 서양인의 지리서 및 지도 등을 참고하여 도圖(지도)와 지志

(지지地誌)를 만들었다.(1844년) 그 후 증보하여 100권 24책이 되었다.(1852년) 당시 서양문명에서 이미 널리 알려져 있던 범위에서 6대주의 지도와 지리를 해설하고 있다. 또 각국의 종교에 관한 사항, 중서역법中西曆法의 차이를 수록하고, 함선 제조법, 대포, 화약, 항해술, 해전海戰, 천문이나 기상 관측에 관한 지식까지도 싣고 있다. 많은 자료를 가지고 비교적 객관적으로 세계 형세를 서술하였다.(중화문명의 시각을 넘어서서) 물론 양이洋夷를 배워 양이를 물리친다는 생각이 저변에 놓여 있다. 그리하여 조선창造船廠과 화기국火器局을 설치하고, 역관譯官을 통해 서양서를 번역할 것 등을 건의하기도 하였다. 이 때문에 임칙서와 위원은 양무운동洋務運動의 선구자로 꼽힌다.

그는 특이하게도 몽고족의 침입으로 중국 땅에 세운 원나라를 오랑캐가 아닌 중화문명 속에 편입시키고, 또 청조의 영광을 중화문명으로 적극 평가하는 등 서양만을 오랑캐로 보고 있다는 점이다. 오늘날 중국의 '동북공정東北工程'에 의해 고구려와 발해가 당의 지방정권, 즉 중화문명 속에 들어가버리는 것과 같은 역사의식이다. 그는 태평천국의 난이 일어나자 민중단체를 조직하여 대항하였고, 그 와중에서 생애를 마쳤다.

이 책은 서양 압력을 받고 있던 일본은 물론 우리나라에도 실학자들 간에 전해져서 해방사상海防思想의 필요성을 일깨우고, 두 번의 양요洋擾를 겪은 후 해외지식의 필요성을 절실하게 느끼도록 해주었다. 그리하여 후일 개화사상 대두의 주요 바탕이 되었다.

《천연론天演論》

약육강식과 적자생존을 계몽啓蒙하다

이 책은 청나라 말엽 엄복嚴復(1853~1921)이 영국의 토마스 헉슬리(Thomas Huxley)의 《진화와 윤리(Evolution & Ethics)》(1894)를 번역한 것이다. 1896년에 번역하여 1898년에 출판하였다. 이 책은 당시 중국인은 물론 동북아시아 사람들에게 세계를 새로 인식하는 계기를 마련해주었다.

그는 복건성 출신으로 15세 때 복주福州의 마강선정학당馬江船政學堂이라는 해군학교에서 공부하고 양무군함揚武軍艦에서 근무하다 23세 때 영국에 파견되어 그리니치 해군대학에서 공부하고, 27세에 귀국하여 이홍장의 북양해군 소속 학당에서 근무하기도 했다. 당시 과거에 의하지 않고는 관계에 진출할 수 없어 향시鄕試에 여러 번 응시했으나 모두 실패하였다. 1894년 청일전쟁에서 청나라가 패배하자 엄복은 청나라가 허약한 것은 무기보다 학문과 사상에서부터 서양보다 뒤떨어졌다고 판단, 서양학문을 소개하는 일에 전념하였다. 이 책이 첫 번째 결실이고, 그 후 아담 스미스의 《국부론》, 존 스튜어트 밀의 《자유론》 등도 번역하였다.

그는 번역하기를 "하늘의 운행은 변화하지만 불변요소도 있다. 이것을 천연天演이라고 부른다. 이것의 작용에는 물경物競과 천택天擇이라는 두 가지가 있다.……한 사물이 다른 사물과 다투며 어떤 것은 보존되고 어떤 것은 멸망한다."라고 하였다. 오늘날로 말하면 '물경'이란 '생존경쟁'이고, '천택'은 '적자생존'이다. 그는 이외에도 '우승열패優勝劣敗', '도태淘汰' 등의 용어도 쓰고 있다. 이러한 용어는 당시 중국의 상황에서 큰 자극제였다. 호적胡適(1891~1962)의 말에 의하면 이 책은 당시 중학생의 인기 독서물이었다고 한다.(《사십자술四十自述》)

이 역본은 총 35편인데, 매 편 말미에 '복안復案'이라 하여 자신의 주를 붙이고 있다. 거기에서 다윈(달이문達爾文), 스펜서의 사상 및 여러 서양 철학자의 학설을 소개하고, 이와 관련된 중국사상, 예컨대 《주역》, 《논어》, 《장자》 및 불교사상과 대비하고 있다.

'복안' 첫 머리에서 "물경과 천택은 영국인 다윈이 《종의 기원》(《물종유래物種由來》)에서 동식물의 번식 이유를 고찰한 것이었다."고 소개하고 있다. 그가 자신의 견해도 주입하여 번역한 것은 중국 전통의 고정관념을 쇄신시키려 한 의도이다. 그가 이 책을 번역하면서 쓴 용어는 스스로 고안하여 만든 조어造語들이다.

그는 이렇게 서양의 신사조를 중국에 소개하여 중국의 전통을 혁파하려고 한 점에서 '전반서화론자全般西化論者'였으나, 정치적으로는 매우 보수적이었고 '중화 내셔널리즘'을 가지고 있었다. 예를 들면 혁명운동을 반대하고 원세개袁世凱를 추앙했으며, 1912년 북경대 총장에 취임한 뒤에는 공자와 유교경전을 강조하고, 5·4운동, 백화운동白話運動, 문학혁명 등은 반대하였다. 이 책으로 중국은 근대화에 눈을 크게 뜨게 되었으니, 고전이라 해도 무방하다.

《천주실의天主實義》

서양선교사가 유학자에게 천주天主를 말하다

종교는 문화성격의 기본을 형성하므로 어떤 나라의 국민의식, 문화양식, 행동패턴을 기본적으로 깊이 규정한다. 그러므로 문화인류학적으로 매우 중요한 핵심 키워드이다. 서양의 기독교가 동양(중국)문화권의 유교(및 성리학)와 만났을 때 어떤 문제가 생겼을까? 이탈리아 출신의 예수회 선교사 마테오리치(Matteo Ricci, 1552~1610)와 익명의 중국 유학자간의 문답형식으로 전개된 이 책은 근대의 고전이라 해도 무방하다.

마테오리치가 중국 광동에 도착한 것은 1583년 9월인데, 예수회가 동방선교의 방향을 일본에서 중국으로 전환하면서 그를 적임자로 지목했다. 리치는 중국어를 배우며 현지인과 접촉하게 되는데, 그들이 주목한 것은 천문·지리·수학·과학 등 당시 유럽의 첨단 지식이었다.

유럽은 중세부터 '교회'가 최고의 학문기관이었다는 점, 그 후 르네상스 시대에 와서 인쇄술 발달, 근대 지식 네트워크, 유럽 국가들이 추진한 '대서양 프로젝트', 동인도무역과 예수회의 동방진출 등의 배경이 작용했음은 물론이다. 그가 가져온 〈곤여만국전도坤與萬國全圖〉가 초기 중국과의 접촉에서 유효한 수단이었는데, 마테오리치는 중국을 정중앙에 배치하여 그렸다.

문제는 '제사'였는데, 마테오리치는 처음 승복을 입었고, 또 자신을 '유학자'로 자처하기도 하는 등 예수회가 중국 전통사회에 타협적인 태도를 보였다. 그는 중국인의 도움을 받으면서 '사서四書'를 번역하기도 했는데, 그런 가운데 그는 중국에 맞는 새로운 교리서(전도서)가 필요함을 느꼈다. 이 책은 상·하 2권 총 8편으로 되어 있는데, 그 내용은 다음 목차를 보면 대략 드러난다.

제1편 천주가 만물을 창조하고 주재主宰함을 논함.
제3편 사람은 동물과 다름을 논함.
제4편 천하 만물은 한 몸이라 할 수 없음을 풀이함.
제5편 윤회와 살생을 금하는 오류를 논하고 재계齋戒와 소식素食을 올리는 뜻을 논함.
제6편 사후에 천당과 지옥의 상벌로 선악의 응보가 있음을 논함.
제8편 서양 성직자가 결혼하지 않는 까닭과 천주께서 서양에 강림하신 이유를 해석함.

이지조李之藻 같은 인물은 당시 중국 학술풍토의 침체를 걱정하면서 그 교리를 적극 옹호하고 있다.(〈서문序文〉) 이 책으로 동서양 종교문화에 대해 같은 레벨에서 비교 설명할 수 있게 되었는데, 이 책은 다만 천주교의 '계시신학啓示神學'은 의도적으로 누락시키고 있다.

또 천주교를 설명함에 있어 중국 고대문헌(《시경》, 《서경》)의 '하늘〔天〕'을 인용하여 설명하고 '자연 섭리'의 로고스적 우주 질서를 말하는 주자의 '이理'는 배격하고 있다. 이런 형식을 '보유론補儒論

적 설명'(유교적 신학)이라 할 수 있다.

송명 이학理學의 무신론적 전통, 존재론적 도덕 형이상학과의 충돌이 불가피한데, 마테오리치는 아리스토텔레스의 철학, 토마스 아퀴나스의 신학을 인용하여 천주와 이는 다르다고 설명했다. 그러나 궁극적으로 절대자가 왜 '인격신'이 되어야 하는지에 대해 중국인은 이해할 수 없었다.

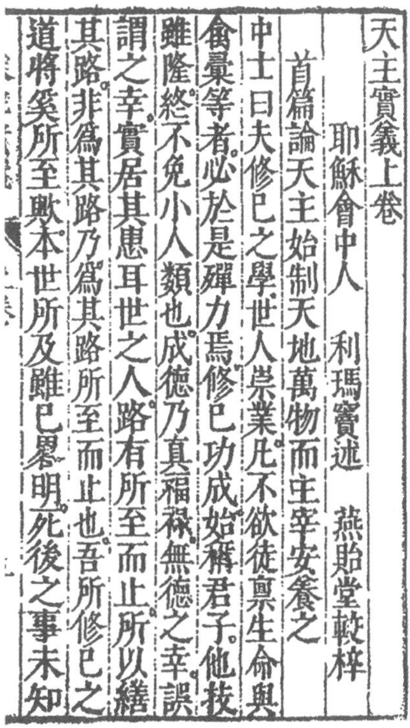
天主實義上卷
耶穌會中人 利瑪竇述 燕貽堂較梓
首篇論天主始制天地萬物而主宰安養之
中士曰夫修己之學世人崇業凡不欲徒稟生命與
禽彙等者必於是殫力焉修己功成始稱君子他技
雖隆終不免小人類也成德乃真福祿無德之幸誤
謂之幸實居其患耳世之人路有所至而止所以繕
其路非爲其路乃爲其路所至而止也吾所修己之
道將奚所至歟本世所及雖已畧明死後之事未知

《천주실의天主實義》

필자 후기後記

이 책은 2012년 7월부터 《대구매일신문》에 격주로 연재했던(2014년 12월 종료, 총 69편 연재) 원고에 추가하여 총 100여 편을 만들어 이번에 전통문화연구회에서 '문화문고'로 내게 되었다.

처음 시작할 때부터 일반 독자들이 처세훈處世訓으로 읽을 수 있는 잠언과 격언, 인생의 체험과 지혜가 담겨 있는 스토리를 소개하려고 했고, 간혹 동양고전 중 교양으로 알고 있어야 될 만한 책을 약간 권 골라 설명하였다. 그러므로 독자들은 동양고전에 이런 것이 있다는 지식에 머물지 말고 이 책을 안내 삼아 그 책들 중에서 처세훈, 삶의 지혜를 줄 만한 고전을 골라 교양으로 한번 읽어보길 권한다.

'동양고전'이라 했지만, 사실은 '중국고전'을 소개했고, 그것도 문학작품이나 특수한 분야, 예컨대 한의학이나 기술 분야를 다룬 책들은 다루지 못하였고, 또한 일본이나, 우리나라 것은 범위에 넣지 않았다. 원래 '서양고전 이야기'와 격주로 싣는 것이 신문사의 기획이었으므로 '서양'에 대해 쉬운 말로 '동양'이라 했다.

'머리말(동양고전을 소개하면서)'에서도 말한 바와 같이 동양고전(중국고전)은 그 나름대로 책의 편차나 구성에 완벽하지 못한 구석이 있다는 것을 미리 이해하고 있어야 한다. 또 책 전체를 꼭 다

읽으려고 애쓸 필요는 없고, 조금 취사선택해서 읽는 것이 좋다. 그 내용에 있어서도 오늘날 감계鑑戒가 되고 음미할 만한 것이 없는 것은 아니지만 도덕적 규범에 얽매어 교훈적으로 이야기하는 방식을 많이 취하고 있어 잘못하면 싫증나기 쉽다. 또 중국고전이기 때문에 현재 우리의 시각에서 미래를 전망하면서 읽어야 하는데 여기에 불필요한 중국문화의 영향이 있을 수 있다는 점도 유의해야 한다.

전통문화연구회 회장인 이계황 선생은 약 40년 전 민족문화추진회에서 근무할 때(1976. 7~1983. 2)부터 잘 알고 지낸 분이라, 이번에 3번째 문화문고를 제의하시어 기쁜 마음으로 원고를 작성하였다. 혹 부족한 면이 있어 문고 시리즈에 누가 되지 않을까 하는 염려뿐이다.(첫 번째 문고는 이덕무李德懋의 《선비집안의 작은 예절－사소절士小節》, 두 번째 문고는 《유학이란 무엇인가－공자·맹자·순자·주자·퇴계·율곡》이다.)

유교문화권의 문화를 이야기하는 데는 한자·한문 때문에 애로를 많이 느낀다. 학교 강의에서도 학생들이 잘 모르면 한자·한문을 필기하여 보여주지만, 그보다도 영어로 번역하여 설명해주면 학생들이 더 잘 알아듣는 눈치를 보인다. 이것이 현 한국교육의 실상이다. 한문은 차치且置하고 한자를 몰라 국어 속에 다수를 점하는 '한자어漢字語'의 의미를 정확히 이해하지 못하기 때문에 학술은 물론 창의적인 사고, 도덕적인 인성배양에 이르기까지 부정적 영향을 끼치고 있다.

'한자어'도 우리말〔국어〕임은 부정할 수 없다. '표기를 어떻게 하느냐 하는 문제와는 다른 문제이다. 지금 한韓-영英 혼용이 대세인가? 대중문화는 상업성 때문에 그렇게 흘러간다 하더라도 고급 한국어와 학술을 위해서는 '한자어'에 대한 관심을 좀 더 가져야 할 때이다. '한자어'를 알고 한글전용 쓰기를 하는 것과 그것을 모르고 하는 것과는 지적 수준이나 사고력에 상당한 차이가 있다.

세종대왕께서 훈민정음을 창제하실 때 어리석은 백성이 일상생활에서 쓰기에 편하게 하고자 한 점도 있지만, '한자漢字' 하나하나에 대해 정확한 음가音價(읽는 음)를 확정하려는 목적도 있었다. 뿐만 아니라 《옥편玉篇》(《훈몽자회訓蒙字會》 참조)에서 보듯 한자 하나하나에 '우리식 이름(명칭)'이 있는 것처럼 한자를 우리 것으로 소화하려는 목적 또한 있었다. 예를 들면 '갈 지之', '배울 학學' 등과 같이 우리식 한자 이름이 있다는 것을 알아야 한다.

일상생활에서 "너 이름이 무어지? 아버지 성함은? 한자로는 어떤 글자를 쓰지?"라고 묻기도 한다. 비록 써보라 하면 잘 못 쓰지만 가정교육을 제대로 받은 학생은 대답을 하고 있다. 이는 중요한 우리의 '문화'라고 할 수 있다. '한자 하나하나에 우리식 음音과 이름이 있다는 것' 이를 도외시하고 문자정책을 논한다는 것은 어불성설이다. 한-영 쓰기 하는 것하고는 다른 차원의 이야기이다. 한자를 몇 자 아느냐, 몇 자를 가르쳐야 하느냐 하는 것과도 다른 차원의 문제이다.

요는 '한자어'를 어떻게 효과적으로 가르쳐야 하느냐 하는 것이 키포인트이다. 초등학교에서 국어와 사회 교과서에 곧 '한글 - 한자漢字'를 병기한다는데, 병기한다고 머리에 들어올 리는 만무하다. '한자 쓰기'도 연습을 강조하는 정도로는 힘쓰지 않을 것이고 결국 '시험'이라는 '강제'가 동원되지 않으면 효과를 보기 어렵다. 교과서에서 구경만 하고, 생활에서는 스마트폰이 지배한다면 어떻게 될 것인가는 불을 보듯 뻔하다.

이런 현실 앞에서 모든 교육자가 지혜를 모아야 할 것이다. 요즈음 어떤 논문을 보면, 혹자는 순 한글로 학술논문을 쓰는데, 일본식 용어(한자로 생각하여 창조한 용어)를 그대로 한글로 표기해버리는 경우도 많은데, 이러면 잘 알기 어렵다.(스마트폰으로 사전을 찾으라고?) 이런 것도 다 함께 한번 생각해보아야 하리라 본다.

독자 여러분들은 동양고전을 이야기하는 데 이런 애로점이 있다는 것을 이해해주면 좋겠다는 뜻으로 좀 길게 이야기하였다. 고전번역이라는 전문 직업에 종사하는 사람들은 예외로 하고 일반교양으로(한문공부도 하고) 중국고전을 배우려는 분은 중국고전 자체나 그 속의 인물을 신성시해서는 안 된다. 몇 년 전까지만 해도 그런 분들이 많았으나, 지금은 그렇지 않으리라 본다.

혹 한자·한문을 좋아하는 나머지 고전 자체를 통째로 마스터하려고 하는 분이 있는데, 나는 꼭 그럴 필요가 없다고 생각한다. 취사선택이 '정답'이다. 교육에 종사하는 많은 선생님들도 이런 취지에 맞는 교재를 새로 만들거나 그 내용에 대한 비판적 설명을 오늘날 시점에서 반드시 해주는 것이 좋으리라 생각한다.

그러나 동양고전에는 음미할 만한 것이 있다는 점도 나는 부정하지 않고 이야기하는 바인데, 결국 옥석을 잘 가려 우리에게 보탬이 되도록 '주체적으로' 중국고전을 대하는 태도를 강조하고 싶다. 대학에서도 '동서양 고전 읽기 백선' 등 교양과정에서 강조하지만, 고전 중에는 오늘날 젊은이들의 인식틀과는 맞지 않는 낡은 내용이 많아 효과를 거두지 못하는 경우가 태반이다.

한자문화권, 유교도덕 문화권 속에 우리는 살고 있고 우리의 전통문화에도 그 유풍이 많이 남아 있다. 미래 바람직한 인류문명 건설이라는 '문명사적 시각'에서 동양고전을 보면서 고전 독서와 교육에 임해야 하는 현재의 시점에서 이 책이 약간의 도움이 되면 좋겠다.

필 자

전통문화연구회 도서목록

◆ 基礎漢文教材 ◆

사자소학	성백효
추구·계몽편	〃
명심보감	〃
동몽선습·격몽요결	〃
주해천자문	〃

◆ 東洋古典國譯叢書 ◆

논어집주	성백효
맹자집주	〃
대학·중용집주	〃
시경집전上·下	〃
서경집전上·下	〃
주역전의上·下	〃
소학집주	〃
고문진보 후집	〃
해동소학	〃
효경대의	정태현
황제내경소문·영추	홍원식

◆ 漢字漢文教育叢書 ◆

한자교육新講	이응백 외
韓中한문연원	이응백
교양인을 위한 한자·한문	김기창
한자교육시험백과	김종혁
실용교양한문	이상진
한문과 교육과정 변천과 내용 체계 연구	원용석
한문과 교수-학습 모형	김재영
한자 자원 교육론	한은수
한자한문교육논총上·下	정우상

◆ 教授用 指導書 ◆

사자소학	함현찬
추구·계몽편	〃
격몽요결	〃
주해천자문	이충구
명심보감	이명수
동몽선습	전호근

◆ 東洋古典譯註叢書 ◆

춘추좌씨전1~8	정태현
장자1~4	안병주·전호근·김형석
고문진보 전집	성백효
예기집설대전1	신승운
심경부주	성백효
근사록집해1~3	성백효
통감절요1~9	성백효
당시삼백수1~3	송재소 외
동래박의1~2	정태현·김병애
설원1~2	허호구
안씨가훈1~2	정재서·노경희
대학연의1	신승운 외
당송팔대가문초	
한유1	정태현
구양수1~3	이상하
왕안석1~2	신용호·허호구
소식1~5	성백효
소철1~3	김동주
소순	이장우 외
증공	송기채
유종원1~2	송기채
무경칠서직해	
손무자직해·오자직해	성백효·이난수
육도직해·삼략직해	성백효·이종덕
울료자직해·이위공문대직해	성백효·이난수
사마법직해	성백효·이난수
십삼경주소	
논어주소1~3	정태현·이성민
상서정의1	김동주
주역정의1~2	성백효·신상후
예기정의 중용·대학	이광호·전병수
사정전훈의 자치통감강목1~3	신승운 외

◆ 기 타 ◆

초등학교 漢字1~4단계	정우상 외
경전으로 본 세계종교	길희성 외
창세기 역주	방석종